Rolf Sellin
Ins Herz getroffen

Rolf Sellin

INS HERZ
GETROFFEN

Selbsthilfe bei seelischen
Verletzungen

Kösel

Der Verlag weist ausdrücklich darauf hin, dass im Text enthaltene externe Links vom Verlag nur bis zum Zeitpunkt der Buchveröffentlichung eingesehen werden konnten. Auf spätere Veränderungen hat der Verlag keinerlei Einfluss. Eine Haftung des Verlags ist daher ausgeschlossen.

MIX
Papier aus verantwor-
tungsvollen Quellen
FSC® C083411

Verlagsgruppe Random House FSC® N001967

Copyright © 2016 Kösel-Verlag, München,
in der Verlagsgruppe Random House GmbH,
Neumarkter Str. 28, 81673 München
Umschlag: Weiss Werkstatt, München
Umschlagmotiv: © shutterstock/Vilor | BildNR. 249220543
Satz: Satzwerk Huber, Germering
Druck und Bindung: CPI books GmbH, Leck
Printed in Germany
ISBN 978-3-466-34638-7
www.koesel.de

 Dieses Buch ist auch als E-Book erhältlich.

Inhalt

Ein anderer Umgang mit Verletzungen

Dieses Buch nicht zu schreiben, wäre für mich so etwas wie unterlassene Hilfeleistung gewesen. Es gibt so viel seelischen Schmerz in der Welt, und ich habe über die Jahre und Jahrzehnte Methoden und Wege erarbeitet, auf heilsame Art damit umzugehen. Wie Sie von diesem Buch profitieren können, möchte ich Ihnen zunächst anhand eines Fallbeispiels mitten aus dem Alltag illustrieren. Bevor die Protagonistin Ilona die hier vorgestellten Methoden kannte, erging es ihr immer wieder wie in der folgenden Situation:

Vorher

Der Besuch der Schwägerin ließ sich nicht länger hinausschieben und ausladen konnte Ilona die Schwester ihres Mannes auch nicht. Brigitte gehörte schließlich zu seinen engsten Verwandten. Und ihm mutete sie ja auch den Besuch ihrer Mutter zu. Er machte immer eine gute Figur dabei und ließ es an formaler Höflichkeit nicht fehlen, sodass trotz der vielen kleinen Spitzen und Anspielungen seiner Schwiegermutter auch diese Tage stets harmonisch zu Ende gingen. Das konnte Ilona von den Besuchen ihrer Schwägerin nicht gerade sagen! Immer wieder hatte sie sich von Brigittes Äußerungen provoziert gefühlt und gereizt darauf geantwortet, was ihre Schwägerin zu nur noch mehr Anspielungen und Sticheleien veranlasste, die Ilona dann wiederum empfindlich trafen. Ihre Reaktion darauf machte dann alles nur noch schlimmer.

Am Ende war meist sie diejenige, die zuerst gegen den guten Ton verstieß. Und dann musste sie sich dafür auch noch entschuldigen. Manchmal bekam sie sogar eine Migräne, sodass sie sich zurückziehen musste, ehe es überhaupt zu einer Eskalation kam. Doch selbst wenn sie auf diese Weise das Feld räumte, wusste die Schwägerin das zu nutzen, indem sie zum Beispiel auf die allgemeine gute Gesundheit in ihrer eigenen Familie verwies und obendrein allerlei besserwisserische Ratschläge anbrachte. Um Ilona müsse sie sich ja richtig Sorgen machen, sagte sie, und sah sie dabei mitleidig an, was in Ilonas Ohren nur heißen konnte, dass ihr Bruder eine bessere Frau verdient hätte. Also waren wohl ihre Gene schlecht und sie als Person nicht akzeptabel.

Hatte Ilona sich zurückgezogen, übernahm die Schwägerin die Regie im Haushalt, räumte zuerst einmal die Küche um und bereitete sogar die Mahlzeiten zu, was Ilona jedes Mal als demütigend empfand. An den seelischen Verletzungen von Brigittes Besuch vom vergangenen Weihnachtsfest trug sie noch heute. Wenn sie daran dachte, krampfte sich alles in ihr zusammen.

Der erneute Besuch der Schwägerin stand also direkt bevor. Ilona hatte die letzten drei Abende mit Putzen und Aufräumen verbracht, hatte versucht, ihr Gewicht wenigstens ein wenig zu reduzieren, sich in Form zu bringen und auch so gesund zu kochen wie die Schwägerin. Sie war noch nicht ganz fertig mit dem Herrichten der Küche und noch außer Atem, da klingelte es auch schon. Und es fing gleich gefährlich an: Brigitte schaute sie wieder einmal besorgt an und fragte, ob es ihr denn auch wirklich gut ginge, sie mache so einen abgespannten Eindruck. Und schon drängte sie Ilona ihre angelesenen Ratschläge auf und ließ sie nicht mehr zu Wort kommen. Sie machte sich auch sofort anheischig, zu helfen, und nahm ihr beim Decken des Tisches das Heft aus der Hand, entschied sich zur Feier ihres Besuches stillschweigend für das kostbare Geschirr, obwohl das nicht in die Spülmaschine durfte und damit mehr Arbeit machte. Sie hieß Ilona, sich einmal ruhig hinzusetzen, während sie die Geschirrteile kritisch betrachtete, als wolle sie Staub aus den Tassen pusten. Ilona kochte vor Wut und Schmerz. »Dir zahle ich es heim!«, dachte sie zuerst, dann wieder, dass sie unbedingt Ruhe und Haltung bewahren müsse ... Das gelang ihr bis zum Sonntag um 12 Uhr 10. Das Fass lief über und sie versetzte der Schwägerin ihrerseits mit einer Bemerkung einen Schlag an deren schwächste Stelle. Gleich darauf setzte ihre Migräne ein. Ilona fühlte sich elend, verletzt und schuldig zugleich.

Nachher

Ilona war nun mit den Methoden aus diesem Buch vertraut, und das nächste Zusammentreffen mit Brigitte sollte anders werden. Mehrere Male hatte Ilona aus einer inneren Distanz heraus betrachtet, wie die Besuche ihrer Schwägerin bisher stets verlaufen waren. Sie hatte feste Muster erkennen und unterscheiden können, auf welche Spitzen sie am intensivsten reagierte. Sie hatte ihre »Kerbe« entdeckt, ihre empfindlichste Stelle, auf die ihre Schwägerin ihre feinen kleinen Nadelstiche zu lenken pflegte, die auf Unbeteiligte ganz harmlos wirken mochten. Diese Erkenntnisse hatten sie Überwindung und einigen Mut gekostet, doch danach hatte sie sich leichter gefühlt, und nun konnte sie einigermaßen gelassen dem nächsten Besuch entgegensehen. Sie wusste sich jetzt selbst zu helfen. Sie war in der Lage, auf ihre »Kerbe« aufzupassen und sich selbst das zukommen zu lassen, was heilsam auf sie wirkte. Sie hatte auch entdeckt, dass sie sich früher in Erwartung neuer Verletzungen bereits im Vorfeld wie angegriffen gefühlt hatte. Jetzt konnte sie aus einer inneren Distanz heraus erkennen, was tatsächlich ablief: Wenn sie sich nämlich verletzt fühlte und sich wegduckte, wirkte das wie ein Zeichen von Schwäche, das von ihrer Schwägerin als Einladung verstanden wurde, nach ihrem Gutdünken in Ilonas Haus zu schalten und zu walten. Ilonas innere Haltung hatte also einen Einfluss darauf, ob sie verletzt wurde oder nicht und wie tief eine Verletzung sie traf.

Selbstverständlich konnte sie nicht damit rechnen, dass sich ihre Schwägerin ändern würde. Sie würde weiter versuchen, sie zu treffen. Also bereitete sich Ilona gut auf den Besuch vor. Sie schrieb sich sogar einen kleinen Spickzettel mit den hilfreichsten Methoden, die sie in kleinen Skizzen und mit Abkürzungen verklausuliert notierte. Sie wollte diese Techniken in Brigittes Gegenwart unbemerkt anwenden. Einen weiteren Zettel hatte sie dort hingelegt, wo sie ihre Medikamente, zum Beispiel gegen ihre Migräne, aufbewahrte. Darauf standen die Maßnahmen, die sie ergreifen wollte, wenn die Angriffe sie tatsächlich verletzt haben sollten. Entscheidend war, der Schwägerin in einer einigermaßen starken und ausgeruhten Verfassung gegenüberzutreten. Das war wichtiger, als bis zum letzten Moment das Haus in einen Zustand zu bringen, an dem ihre Schwägerin nichts auszusetzen haben würde – das schaffte sie sowieso nicht.

In ihrem Lieblingssessel erwartete sie also den Besuch und versuchte einigermaßen entspannt zu bleiben. Es klingelte, ein schneller Blick auf ihren Spickzettel, und so gestärkt öffnete Ilona die Tür. Die übliche Umarmung absolvierte sie mit einer gewissen inneren Distanz. Sie musste in sich hineinlächeln: Sie hatte gerade erkannt, dass etwas entscheidend anders war. Früher wollte sie tatsächlich von ihrer Schwägerin akzeptiert und vielleicht sogar geliebt werden. Sie hatte versucht, in ihr die Schwester zu finden, die sie sich immer gewünscht hatte. Jetzt begrüßte sie einfach nur die Schwester ihres Mannes und konnte sie so annehmen, wie sie nun einmal war. Sie konnte sogar so etwas wie Neugierde in sich entdecken. In den kommenden Tagen würde sie eine Menge über sich selbst erfahren. Und sie fühlte sich fast schon freudig bereit dafür!

Vom Leid zur Freiheit.
Warum ich dieses Buch schrieb

Offen gestanden war meine Kindheit als Pfarrerssohn ein wenig anders als die der meisten meiner Altersgenossen. Themen wie Leid und Schmerz, Tod und Trauer waren kein Tabu und gehörten bei uns wie selbstverständlich zum Alltag. Meine Eltern unterhielten sich auch in Anwesenheit von uns Kindern über Schicksale, Leidenswege und Seelennöte, so wie die Eltern der Bauernkinder vor ihnen die Probleme mit einer zu frühen Aussaat, den Ausbruch der Maul- und Klauen-Seuche im Nachbardorf oder das bevorstehende Kalben bei Tisch besprachen. Ebenso schütteten Gemeindemitglieder ihr Herz über familiäre Streitereien und seelische Verletzungen und ihren Schmerz darüber vor ihrem Seelsorger aus, auch wenn ich zum Beispiel auf einem Spaziergang dabei war. Damals, ich bin 1948 geboren, bedrückte sehr viel tiefes seelisches Leid die Menschen. Die Gräuel von Nazizeit und Krieg, von Vertreibung und Gefangenschaft hatten seelische Wunden gerissen, die in den Fünfzigerjahren längst nicht alle verheilt waren. Auch das beengte Zusammenleben von Einheimischen und Vertriebenen barg viele Möglichkeiten, einander zu nahe zu treten, sich gegenseitig zu verletzen oder manchmal vielleicht auch nur, sich zurückgesetzt und verletzt zu fühlen.

In dem Pfarrhaus im Dorf an der Zonengrenze lebte nicht nur unsere Familie, es war bis in die letzte Bodenkammer auch von Vertriebenen und Flüchtlingen bewohnt. Spielte ich bei gutem Wetter im Garten, so besuchte ich bei Regen lieber die Mitbewohner. Ich erfuhr viel über sie. War Frau F. ganz verbittert, obwohl sie vor Kurzem Familienmitglieder durch den Suchdienst wiedergefunden hatte und bald zu ihnen ziehen wollte, so war die Witwe S., deren Mann gefallen und deren Sohn auf der Flucht an Kälte und Entbehrung gestorben war, die Güte in Person. Zu ihr ging ich besonders gern. Sie sang Lieder mit mir und konnte lustige Geschichten erzählen. Sie freute sich an allem, obwohl sie in ihrem Zimmerchen kaum das Nötigste besaß. Merkte man der einen Person das schwere Leid nicht einmal an, so konnte eine andere über nichts anderes sprechen als darüber, was ihr angetan worden war oder was sie verloren hatte. Auch das gab es: Menschen, die nie direkt über ihr schweres Schicksal sprachen, deren Stimme jedoch schmerzlich und bitter danach klang.

Als kleiner Junge nahm ich all das in mir auf. Auch ich selbst machte meine Erfahrungen mit seelischen Verletzungen und dem Schmerz – mit Verletzungen, die ich erleiden musste, ebenso wie mit solchen, die ich anderen zugefügt habe.

Leiden ist höchst individuell

Wenn ich es heute mit Abstand betrachte, dann kann ich einige Erkenntnisse aus der damaligen Zeit, die sich später weiter ausformen und klären sollten, so zusammenfassen: Es gibt wohl niemanden, der nicht in irgendeiner Weise von seelischen Verletzungen, Schmerz und Leid betroffen ist – das liegt auf der Hand. Es gibt auch kein objektives Maß für die Schwere oder Tiefe von seelischen Verletzungen. Ebenso besteht nicht einmal ein schlüssiger oder gar messbarer Zusammenhang zwischen der Verletzung und dem Leiden unter dem Schmerz. Die Schwere und Tiefe einer seelischen Verletzung allein sagt nicht unbedingt etwas aus über das Ausmaß des Schmerzes, den der Betroffene erlebt. So kann ein vergleichsweise geringer Anlass einen Menschen tief treffen, während ein gravierendes Ereignis unter Umständen zu einem als geringer empfundenen Schmerz führen kann. Wer zum Beispiel von einer relativ kleinen seelischen Verletzung überrascht wird und starken Schmerz verspürt, kann mit einer tiefen Verletzung vielleicht ganz überlegen und geradezu weise umgehen. Ebenso kann ein und derselbe Mensch die eine seelische Verletzung schnell überwinden, während eine andere ihm länger nachgeht. Auch ist die Belastbarkeit einem Menschen nicht anzusehen. So kann eine Person, die von anderen als stark und stabil eingeschätzt wird, unter Umständen von einer seelischen Verletzung nachhaltiger getroffen werden als ein Mensch, der zuvor als besonders verletzlich und wenig belastbar galt.

Seelische Verletzungen können auch auf Dauer unterschiedliche Auswirkungen haben. Haben die schmerzlichen Ereignisse bei der einen Person tiefe Narben oder immer noch offene Wunden hinterlassen, so sind bei der anderen vielleicht nicht einmal Spuren davon zu erkennen. Durchlebt sie der eine und kann sie dann hinter sich lassen, so unterdrückt ein anderer Mensch seinen Schmerz, um Stärke zu zeigen, und bleibt sein Leben lang von ihm bestimmt. Landet der eine in der Verbitterung oder zieht mit seiner offen gehaltenen Wunde noch mehr Verletzungen und Leid auf sich, so entwickelt ein anderer Mensch gerade durch das Erleben von seelischem Schmerz Menschlichkeit und Güte.

Mit anderen Worten: Wir haben auch als Opfer von seelischen Verletzungen Einfluss darauf, wie tief der Schmerz uns trifft, wie er auf uns wirkt und in welchem Maße wir unter ihm leiden. Mag dieser Spielraum zunächst vielleicht klein erscheinen, mit unserem Umgang damit stellen wir dennoch die Weichen dafür, wie wir Verletzungen und Schmerz aktuell erleben und vor allem, wie und ob sie in uns auf Dauer fortwirken. Wir entscheiden mit unserer Reaktion, ob sich der Schmerz auflösen darf oder ob wir ihn übergehen und bewahren oder gar verstärken, sodass er uns lähmen und blockieren kann. Wir entscheiden, ob wir die Gelegenheit ergreifen, an dem Leid zu wachsen. Von diesen Einflussmöglichkeiten handelt dieses Buch. Es möchte Sie zu der inneren Freiheit führen, bewusst mit dem Schmerz umzugehen, denn so stellen Sie Ihrer immer vorhandenen Verletzlichkeit etwas gegenüber: Wachheit und Verantwortung, Fürsorge für sich selbst und Heilung.

Wissenschaftlich oder pragmatisch?

Vielleicht stellen Sie bereits an dieser Stelle die Frage nach der Wissenschaftlichkeit. Aus dem, was ich über seelische Verletzungen und Schmerz selbst erlebt und durch Menschen aus Fleisch und Blut erfahren habe, weiß ich, dass sich diese Thematik wissenschaftlichen Untersuchungen, so wie sie derzeit betrieben werden, weitgehend entzieht: Schmerz ist nicht nur nicht quantifizierbar und kann nicht in Statistiken erfasst werden, eine einzelne seelische Verletzung kann auch nicht isoliert von den seelischen Leiden, die ein Mensch bereits zuvor erlitten hat, betrachtet werden. Ebenso wäre eine seelische Verletzung unter Versuchsbedingungen nicht gleichzusetzen mit einer, wie sie uns im Leben trifft. Die Wissenschaft verfügt also über kein passendes Instrumentarium für diesen wichtigen Bereich des Lebens.

Mein Ansatz ist daher rein pragmatisch: Ich habe seelische Verletzungen erlitten und ebenso habe ich andere verletzt. Ich kenne mich aus auf dem Feld und habe Methoden entwickelt, damit in konstruktiver Weise umzugehen, die mir und später meinen Klienten deutlich erkennbar geholfen haben. Da ich von meinem Studium her Architekt und Ingenieur war und meine psychologischen Aus- und Fortbildungen erst später im Laufe des Lebens absolviert habe, ist meine Herangehensweise anders als die vieler Psychologen. Darin liegt eine Chance. Für mich zählen weniger die anerkannten Lehrmeinungen therapeutischer Schulen, weniger das langwierige Deuten und Mutmaßen, sondern die pragmatische Veränderung des Umgangs eines Menschen mit sich selbst, mit seiner Wahrnehmung und Reizverarbeitung, die zu einer konkreten Veränderung des Schmerzes und zu einer Klärung und Entwicklung des Betroffenen führen. Meine Methoden setzen bei der Wahrnehmung an. Sie sind einfach, effektiv und können allein und selbstständig angewendet werden. Sie bieten Ihnen erprobte Hilfe zur Selbsthilfe.

Wenn Sie sich wissenschaftlich bestätigte, statistisch abgesicherte und auf dieser Basis vielleicht auch noch umsetzbare Aussagen erhoffen, muss ich Sie enttäuschen und wünsche Ihnen viel Geduld beim Warten. Wenn Sie schon zu Lebzeiten konkrete Hilfe finden und sich entwickeln möchten, wünsche ich Ihnen den Mut, sich den hier vorgestellten Erkenntnissen auszusetzen, Experimentierfreude beim Anwenden der Methoden und fortan einen heilsamen Umgang mit seelischem Schmerz.

Seelischer Schmerz in einer vom rationalen Denken bestimmten Zeit

Unsere westliche Kultur ist seit den alten Griechen geprägt von der Vorstellung eines Gegensatzes von Geist und Materie. Während der Geist bei dieser Betrachtungsweise als männlich verstanden wird, entfällt auf die Materie und damit auch auf den Körper die Zuordnung zum Weiblichen. In einer patriarchalen Tradition wird der Geist als höher bewertet als der Körper, der folglich als weniger wert und teilweise sogar als suspekt betrachtet wird: »Der Geist ist willig, doch das Fleisch ist schwach« und ähnliche Formulierungen geben dieser Einstellung Ausdruck. So kommt es dazu, dass der Körper zum Untergebenen und manchmal auch zum Sklaven des Kopfes gemacht wird.

Der Mensch ist jedoch »Kopf« und »Körper«. Und zweifellos ist er darüber hinaus noch mehr: Er ist auch »Herz«. Gefühle fallen bei der vom Dualismus zwischen Geist und Körper bestimmten Betrachtungsweise sogar ganz unter den Tisch. Gefühle sind nicht fassbar. Lässt sich das Denken durch die Gesetzmäßigkeiten der Logik einschätzen und regulieren, so ist das dem Kopf bei Gefühlen kaum möglich. Auch kann ein Gedanke sprachlich meist direkt und ohne große Verluste anderen mitgeteilt werden, weil wir zum großen Teil sprachlich denken. Gedanken können leicht nachvollzogen und diskutiert werden. Bei Gefühlen ist das schwieriger. Sie entziehen sich auch der Logik des Entweder-oder. Sie können zum Beispiel zwiespältig sein. Direkt können wir sie anderen eigentlich wiederum nur durch Gefühle vermitteln, die für viele nicht greifbar sind. Wir können sie zwar in Worte kleiden, in Sprache übersetzen, doch sind das dann tatsächlich noch unsere Gefühle?

Gefühle werden Kindern zugestanden und ihren Müttern, somit auch Frauen generell, denn das ist offensichtlich: Ohne Gefühle und Einfühlung ist die Fürsorge für Kinder nicht möglich. Ebenso wie im Reich der Säugetiere sind auch bei uns Menschen nur Gefühle in der Lage, Bedürfnisse nach seelischer Wärme und Geborgenheit wahrzunehmen, nur sie können diese Gefühlsqualitäten erzeugen und vermitteln. Doch selbst da können Gefühle zweischneidig sein: Mutter und Kind sind im Fühlen zunächst geradezu eins. Die Symbiose zwischen Mutter und Kind ist in den ersten Monaten des Kindes vorgegeben und sinnvoll, später kann sie gefährlich werden, wenn das seelische Abnabeln nicht gelingt. Gefühle sind machtvoll und vielen Menschen deshalb auch nicht ganz geheuer, sodass einige sich sogar in einem Abwehrkampf befinden, in dem sie die Gefühle abwerten und häufig genug auch leugnen, um frei sein und ihre eigenen Wege gehen zu können. Aber auch wenn wir sie verleugnen oder abstreiten, es gibt sie dennoch, und sie entfalten ihre Wirkung. Selbst in die scheinbar so rationale Abwehr der Gefühlswelt durch den Geist mischt sich die Angst vor Gefühlen und bestätigt am Ende auch nur wieder die Macht der Gefühle, denn diese Angst gehört wiederum zu ihnen!

Wenn es um seelische Verletzungen geht, sind unsere Gefühle betroffen. Sie befinden sich allein schon durch die geschilderte Situation in einer defensiven Position. Man könnte sagen, sie sind durch Abwertung und Nichtbeachtung bereits verletzt. Entsprechend kann es leicht passieren, dass sie aus ihrer schon vorhandenen Verletztheit heraus reagieren.

Gefühle – wichtig zur Orientierung im Leben

Neben den Reizen, die unsere »fünf Sinne« (es sind tatsächlich sehr viel mehr!) uns vermitteln, gibt es weitere Informationen, die wir aufnehmen und die bei der Orientierung und Steuerung unseres Lebensschiffes ebenfalls wichtig sind: Es sind die Wahrnehmung über den Körper und die Wahrnehmung über unsere Gefühle. Der Körper informiert uns über unsere Befindlichkeit, über unser Wohlergehen im Zusammenhang mit unserer materiellen Existenz. Die Gefühle geben uns Nachricht über unseren Zustand in Bezug auf unsere soziale Existenz: Gehören wir dazu? Fühlen wir uns wertgeschätzt von den anderen? Lieben wir sie und werden wir von ihnen geliebt? Und natürlich über unsere Gefühlslage: Sind wir glücklich? Und was alles fehlt uns zu unserem Glück?

Die Gefühle schwingen mit bei allem, was wir erleben, sie reagieren wie Oszillatoren und teilen sich uns mit. Über unsere Gefühle stehen wir darüber hinaus in ständigem Austausch mit anderen Menschen und unserer Umgebung, denn sie nehmen nicht nur Eindrücke auf, sie strahlen auch aus auf die anderen, die uns begegnen, sie stellen Resonanz zu ihnen her. Sie sind passiv und aktiv, mit ihnen wirken wir mit an der Atmosphäre, in der wir dann leben.

Zensierte Gefühle – eingeschränkte Wahrnehmung

Werden die Gefühle, die wir aufnehmen können (oder könnten), von uns selbst beachtet, wertgeschätzt und tatsächlich wahrgenommen? Kommen sie in unserem Leben zur Geltung oder kommen sie zu kurz und werden abgetan? Werden sie von unserem Denken unterdrückt und geschurigelt?

Es ist ein kolossales Missverständnis, wenn Gefühle nicht als Kompetenz geachtet, sondern bekämpft werden. Gewissermaßen ist es so ähnlich, als wollte ein Kapitän Zensur über sein Echolot ausüben und ihm verbieten, Tiefen und Untiefen anzuzeigen, wenn sie ihm nicht gefallen, oder wenn der Radarschirm der Flugsicherung bestimmte Flugzeuge nicht darstellen dürfte. Gefühle sind eben auch Wahrnehmung und damit wichtiger Bestandteil unseres Sinnessystems und unserer Intelligenz. Erst durch das sich ergänzende Zusammenwirken unseres Denkens, unserer Gefühle und unseres Körpers gelingen Selbstregulation in unserem inneren System und Orientierung im Leben. Das Denken allein ist nicht in der Lage, uns glücklich zu machen. Dafür brauchen wir den Kontakt zu unserer körperlichen Befindlichkeit und zu unseren Gefühlen.

Gefühle und Emotionen

Um gleich einigen Missverständnissen zu begegnen: Es geht nicht um ein Entweder-oder. Es geht nicht darum, an die Stelle des Denkens die Gefühle zu setzen. Und es geht auch nicht darum, dass wir wie junge Hunde allen Gefühlen, die wir in uns wahrnehmen, sofort folgen und ihnen spontan Ausdruck verleihen.

Sehr oft werden Gefühle auch mit Emotionen verwechselt, der Sprachgebrauch ist hier ein wenig unklar. So verwenden manche den Begriff »Gefühl« für die eher stillen oder gar sentimentalen Gefühle und »Emotionen« für die starken und mächtigen Gefühle. Gewiss, die starken Gefühle drängen stärker zum Ausdruck als die sanfteren, doch »Emotion« meint eigentlich den Ausdruck von Gefühlen. Gefühle sind demnach die Stimmungen und Schwingungen, die wir in uns wahrnehmen, Emotionen sind die Gefühle, die wir ausdrücken und nach außen zeigen. Gefühle in Emotionen zu verwandeln, geschieht in der Kindheit zunächst noch ganz von selbst. Wenn wir heranwachsen, lernen wir zu unterscheiden: Was drücken wir aus, was behalten wir für uns selbst?

Wir kommunizieren nicht nur mit Worten, sondern auch direkt mit Gefühlen und selbstverständlich mit Emotionen. Damit rufen wir wiederum in anderen Gefühle und vielleicht auch Emotionen hervor. Gefühle wie Ärger können sich dann in unerwünschter Weise aufschaukeln, was zu noch mehr Ärger und dem Entstehen von noch ganz anderen Gefühlen beitragen kann. Bewusster Umgang mit Gefühlen kann bedeuten, die Gefühle, die da sind, wahrzunehmen, zu registrieren, ohne sie gleich als Emotion auszudrücken. An dieser Stelle beginnen bei vielen Menschen die Probleme. Der eine hat verlernt, seine Gefühle überhaupt wahrzunehmen. Er hat den Kontakt zu diesem Sensorium ganz verloren. Der andere bewertet seine Gefühle und nimmt nur die angenehmen oder erwünschten wahr, gewissermaßen übt er eine innere Zensur aus. Die störenden, die jedoch sehr wichtig sein können, übergeht er, bis sie so mächtig und nicht mehr regulierbar geworden sind, dass sie die Herrschaft über ihn übernehmen. Das jedoch nimmt er dann meist als Bestätigung für seine Haltung, die Gefühle in sich zu unterdrücken und zu bekämpfen.

Gefühle und seelischer Schmerz

Da Gefühle in unserer Gesellschaft zu kurz kommen, gibt es auch keine entwickelte Gefühlskultur, und so hat der Einzelne oft keinen ausreichenden Zugang zu seinen Gefühlen. Er weiß auch nicht, mit Gefühlen wie seelischem Schmerz umzugehen. Die Intelligenz und die Fähigkeiten der Gefühle durften sich nicht entwickeln, oft sind sie kindlich geblieben oder stellen sich übertrieben als Sentimentalitäten dar. Dieses Übergehen der eigenen Gefühle bringt auch einen unübersehbaren Vorteil, jedenfalls zunächst: Wir müssen unseren eigenen Schmerz nicht wahrnehmen. Sucht der eine ganz im rationalen Denken seine Zuflucht, so wendet sich ein anderer lieber den Gefühlen und dem Schmerz der anderen zu. Das gilt zum einen als edel und fürsorglich, zum anderen ermöglicht es eine Haltung der Überlegenheit.

Seelischer und körperlicher Schmerz

Seelischer und körperlicher Schmerz liegen sehr eng beieinander. Körperlicher Schmerz hat immer eine seelische Komponente und seelischer Schmerz ist immer mit körperlichen Erscheinungen verbunden. Daher kann ein Mensch, der über seinen seelischen Schmerz ständig hinweggeht, den körperlichen Anteil umso mehr spüren, weil diese Art von Schmerz allgemein beachtet und einer medizinischen Behandlung für wertgehalten wird. Mehr und mehr wird sich die Seele dann in körperlichem Schmerz ausdrücken. Da auch dieser Schmerz nicht als Information erkannt wird, sondern als zu bekämpfendes Symptom, kann es auf diese Weise zu einer Verselbstständigung und Verstärkung des Schmerzes kommen. Dann ist es höchste Zeit, sich der seelischen Komponente und dem Schmerz auf der Gefühlsebene zuzuwenden.

Kollisionen – wie es zu seelischen Verletzungen kommt

Eine körperliche Verletzung entsteht durch das Aufeinandertreffen eines Körpers mit harter Materie: Ich passe nicht auf und falle, mein Knie stößt auf die Kante einer Steintreppe. Sie war schon vor meinem Fall da. Ich hätte mit ihr rechnen müssen. Ein Schneeball trifft mich am Kopf. Volltreffer? Ein kleiner Junge feixt, der Schneeball hatte eigentlich ihm gegolten. Ich drehe mich nach dem Werfer um, und jetzt lachen wir zu dritt. Ebenso kann nukleare Strahlung – Materieteilchen – auf meinen Körper treffen. Damit habe ich vielleicht nicht gerechnet, weil ich sie nicht sehen kann, obwohl ich weiß, dass sie zu meiner Umwelt gehört. Ich kann mir die Hand an der heißen Herdplatte verbrennen. Ich kann mir beim Zwiebelschneiden in den Finger schneiden. In diesen Fällen treffen Materie, Strahlung oder heiße Temperatur auf meinen verletzlichen Körper – ganz ohne Absicht.

Ich kann auch durch eine andere Person verletzt werden. Jemand gibt mir einen Nasenstüber, weil er eine alte Rechnung mit mir begleichen möchte, mich nicht leiden kann oder mir das Portemonnaie wegnehmen will. Ich kann absichtlich angegriffen und dabei verletzt werden oder aus Versehen. Ein Passant tritt mir im Gedränge auf die Füße. Vielleicht hat er auch nur den Druck weitergegeben, den andere auf ihn ausgeübt haben.

Ähnlich ist es mit seelischen Verletzungen: Dazu braucht es nicht einmal eine andere Person. Ich nehme etwas wahr, das mir missfällt und eine entsprechende Reaktion meiner Gefühle hervorruft. Es hat mich getroffen. Mit den seelischen Verletzungen ist es dadurch komplizierter, dass sie nicht unbedingt von anderen wahrgenommen werden können, auch sind weder Wunden noch Narben zu sehen. Vielleicht können andere das Verletzende aus meiner Reaktion schließen. Vielleicht bemühe ich mich auch, nicht zu zeigen, wie tief mich etwas gekränkt hat. Andererseits tangiert mich etwas, das anderen verletzend erscheinen mag, vielleicht gar nicht, weil mir der besondere Humor des »Angreifers« schon vertraut ist. Möglich ist auch, dass ich eine Verletzung überhaupt nicht erkenne, weil ich das Demütigende an einer Bemerkung gar nicht verstanden habe. Oder ich spüre sie erst viel später. Ebenso könnte ich die Äußerung einer anderen Person als verletzend erleben, obwohl sie gar nicht die Absicht hatte, mir wehzutun, und andere darin auch gar kein Anzeichen davon erkennen würden.

Neben den aktiven seelischen Verletzungen gibt es die passiven, die deshalb auch nicht zu sehen sind: Ein Dank oder Anerkennung kommen nicht. Wer zum Beispiel Wertschätzung oder Gegenliebe erwartet hatte, wird enttäuscht, wenn sie trotz aller seiner Bemühungen ausbleiben. Auch hier kollidiert etwas: Das Bild, das ein Mensch sich gemacht hatte, stößt auf die Welt, wie sie ist, oder auf Mitmenschen, deren Reaktion er anders eingeschätzt hatte. Er hat sich getäuscht. Vielleicht wollte ihn auch tatsächlich ein anderer Mensch täuschen, dem er vertraut hatte. Doch dann war auch er es, der sich in dessen Person getäuscht hat. Wer hat ihn also verletzt?

Seelische Verletzungen sind objektiv nicht fassbar. Wen wundert es da, dass sie so oft übergangen, schöngeredet, geleugnet und abgestritten werden, da sie doch nicht objektiv, zum Beispiel mit einem Beweisfoto oder einer medizinischen Untersuchung, nachgewiesen werden können. Genauso kann eine seelische Verletzung aufgebauscht oder sogar vorgetäuscht werden, weil jemand daraus den einen oder anderen Vorteil ziehen möchte – vorgebliche seelische Betroffenheit als Mittel der Manipulation.

Schmerz – Teil eines uralten Regelsystems der Natur

Versetzen Sie sich in die Situation eines Einzellers im Meer. So einfach dieses kleine Wesen ist, so ist es doch schon perfekt für sein Überleben ausgerüstet. Sein Sinnessystem sorgt dafür, dass es sich dort aufhält, wo es genügend Nahrung findet. Es meidet zu hohe Temperaturen im Wasser ebenso wie zu niedrige. Die passende Umgebung wird durch Wohlbefinden belohnt. So orientiert sich das kleine Lebewesen im großen weiten Meer. Ähnlich bei uns: Auch wir streben zum Angenehmen, suchen Lust und meiden den Schmerz. Wir könnten Schmerz aber auch als Information verstehen, das verändert sein Erleben. Doch es scheint so, als hätte sich das Empfinden von Schmerz davon entfernt und verselbstständigt. Auch wenn unsere Lebenssituation in der Überfluss- und Informationsgesellschaft viel komplizierter geworden ist: Noch immer belohnt uns die Natur nach diesem alten einfachen Prinzip mit Wohlergehen, wenn wir uns im Sinne des Überlebens vorteilhaft verhalten, und signalisiert uns durch Schmerz und Unwohlsein, dass uns etwas nicht guttut und wir es meiden sollten.

Seit es Gefühle gibt

Eins kennt der Einzeller allem Anschein nach noch nicht: Gefühle. Erst seit es Tiere gibt, die ihren Nachwuchs lebend zur Welt bringen und ihn säugen, wärmen, schützen, füttern und aufs Leben vorbereiten, also bemuttern, sind die Gefühle hinzugekommen. Gefühle dienen einem Individuum zur Regulierung des Umgangs mit anderen, zuallererst der Koordination zwischen Tiermutter und ihren Jungen. Ihre Gefühle teilen ihr mit, ob es ihnen gut geht, welche Bedürfnisse sie haben und wie sie am besten für sie sorgen kann. Wenn sie leiden, dann leidet auch sie. Geht es ihnen gut, dann ist auch sie glücklich und zufrieden.

Gefühle stärken auch den Zusammenhalt eines Rudels oder einer Horde. Sie teilen dem Individuum mit, ob es geliebt und wertgeschätzt wird, dann fühlt es sich glücklich. Wird es nicht geliebt und wertgeschätzt, dann geben seine Gefühle ihm die Information, dass es um seine soziale Zugehörigkeit nicht gut steht. Sie geben ihm den Anstoß, mehr Nähe oder Distanz zu den anderen zu suchen, einen größeren Beitrag für die Gemeinschaft zu leisten, sich bei der Fellpflege, der Nahrungssuche oder der Verteidigung der Horde mehr hervorzutun, um mehr Zuneigung und Wertschätzung und vielleicht sogar einen höheren Rang zu erreichen. Unsere Gefühle ermöglichen uns auch Mitgefühl und Einfühlung: Mit ihrer Hilfe haben wir Zugang zu wichtigen Erkenntnissen, die uns sonst entgingen. Durch die Wahrnehmung über die Gefühle sind wir in der Lage, unsere soziale Verbindung zu anderen und zu uns selbst zu regulieren. Wir suchen Geborgenheit, Rückhalt, Freude und Liebe. Sie geben uns die angenehmen Gefühle. Und wir meiden alles, auf das wir mit unangenehmen Gefühlen reagieren, weil es uns nicht guttut. Wir bekommen ein Gefühl der Enge im Kontakt zu Menschen, die uns vereinnahmen wollen. Wir reagieren mit freudigen Gefühlen, wenn wir Menschen begegnen, die uns so annehmen, wie wir sind.

Wenn Igel zusammenrücken

Kommen Menschen sich zu nahe, besteht die Gefahr, dass sie einander auch zu nahe treten – und sich gegenseitig verletzen. Von wem das gleichnishafte Bild von den Igeln stammt, weiß ich nicht: Igel verkriechen sich im Winter in Erdsenken und unter Laubhaufen, denn sie haben keinen Bau. Jeder friert allein. Ein Igel kam auf die Idee, gemeinsam zu überwintern, zusammenzurücken und sich gegenseitig zu wärmen. Doch es zeigte sich rasch, dass es gar nicht so einfach war, den Grad zwischen Abstand und

Nähe so exakt einzuhalten, dass kein Igel friert und keiner den andern verletzt. Wie viel Abstand brauche ich und wie viel Nähe? Und wo liegt die Grenze, die mich vor Verletzungen schützt? Wie kann ich sie einhalten? Das Bedürfnis nach Nähe und Distanz kann von Person zu Person sehr unterschiedlich sein und kann zwischen zwei Menschen kollidieren. Fühlt sich der eine durch zu große Nähe verletzt, so der andere durch zu großen Abstand.

Zwischen Nestwärme und Brudermord

Die Amseleltern tun alles dafür, dass die Aufzucht der Jungen gelingt. Sie halten sie warm und suchen unermüdlich nach Futter. Der Sommer ist kalt und regnerisch, da gibt es wenig Insekten und Raupen. Vater Amsel hat einen knusprigen Käfer erwischt und trägt ihn zum Nest. Wer bekommt ihn? Die Natur nimmt ihm die Entscheidung ab: Die Nahrung landet in dem Schnabel, der am weitesten aufgesperrt wird. So auch der saftige Engerling der Amselmutter. Der lange Regenwurm, den Vater Amsel bringt, wird nicht etwa aufgeteilt. Der erhält ihn, der den Schnabel am weitesten aufsperrt. Auf diese Art und Weise kommen wenigstens drei oder vier der fünf Vögelchen durch. Das fünfte ist schon ganz schwach, es kann den Schnabel kaum noch aufhalten und wird die Nacht wohl nicht überleben.

Im Nest findet ein Kampf ums Überleben statt. Bei einigen Greifvögeln wird das noch deutlicher. Es werden zwei Eier gelegt. Wenn beide Jungen geschlüpft sind, beginnt ein Kampf zwischen ihnen. Nur eines wird überleben. Das vitalere setzt dem schwächeren mit Schnabelhieben zu und versucht, es aus dem Nest zu drängen. Ganz extrem wird es, wenn das überlebende Vögelchen auch noch das getötete Geschwisterchen verzehrt, es wäre ja auch schade um das kostbare Eiweiß. Dieses Phänomen wird – nach dem Alten Testament und der Geschichte von Kain, der seinen Bruder Abel tötet – als Kainismus bezeichnet. Was hat das mit uns Menschen zu tun?, werden Sie (vor allem wenn Sie Einzelkind waren) fragen. Das Thema ist uns gar nicht so fremd. Ihr Leben an sich haben Sie bereits einem Wettlauf zu verdanken: Bei Ihrer Zeugung konnte von der Unzahl der Spermien nur eines siegreich sein und überleben. Um die vielen, vielen anderen, die nicht ganz so schnell waren, hat die Natur sich nicht geschert.

Auch wir leben in einem Spannungsfeld aus Liebe, Fürsorge, Geborgenheit und Altruismus auf der einen Seite und Rivalität und Wettkampf auf der anderen. Im Mutterleib hatten wir noch Schutz, Rundumversorgung »all inclusive«, bis es zu eng wurde und wir geboren wurden. Wenn wir schon Geschwister hatten und spätestens wenn wir auf dem Spielplatz Gleichaltrigen begegneten, trafen wir auf Rivalen. Nicht dass es gleich so weit kommen musste, dass sie uns die Existenz streitig machten oder uns aus der Familie drängten, doch sie konkurrierten mit uns um Nahrung, Spielzeug und Süßigkeiten, aber vor allem um Beachtung, Zuwendung und Liebe.

Bernd berichtet von der Rivalität mit seinem zwei Jahre älteren Bruder: »Er hatte stets demonstriert, was er alles schon konnte und mir voraushatte. Doch dabei blieb es nicht, er hat mich auch zu Mutproben herausgefordert. Dabei stand ich vor dem Dilemma: Wenn ich sie nicht annehme, habe ich gleich verloren und bin nichts wert. Wenn ich mich darauf einlasse, versage ich vielleicht und verliere auch. Am gemeinsten war er, wenn ich die Herausforderung bestand. Dann zeigte er mir seine volle Verachtung, weil ich nicht selbst auf die Idee gekommen war … Er vergleicht ständig. Auch heute noch.«

Sina: »Meine Schwester ist vier Jahre älter als ich. Sie wurde in einer für die Mutter schweren Zeit geboren und war ihr damals vielleicht auch eine zusätzliche Last. Als Wunschkind hatte ich es leichter. Meine Schwester fühlte sich zurückgesetzt und sah in mir die Ursache dafür. Ständig hatte sie mich im Auge, kritisierte mich und fand an allem, was ich tat und wie ich war, etwas auszusetzen. Hatte ich etwas richtig oder besser gemacht als sie, hat sie mich als penibel und streberisch bezeichnet, obwohl ich mich doch nur angestrengt hatte, um ihr gegenüber zu bestehen. Noch heute blickt sie scheel auf mich.«

In jeder Beziehung kann es bei aller Liebe dazu kommen, dass die Beteiligten miteinander um mehr Aufmerksamkeit und Zuwendung rivalisieren. Die Sehnsucht nach Nähe und Verbundenheit besteht in uns ebenso wie der Drang, uns hervorzutun. Der andere, den wir lieben und dem wir nahe sein wollen, ist immer zugleich auch ein Mitbewerber um Aufmerksamkeit, Beachtung und Wertschätzung durch Dritte, auch wenn er uns gewogen ist und wir ihm. Vor allen in Familien, in denen Eltern eine oberflächliche Harmonie anstreben, überfordert sind oder nicht stark genug, um Rivalitäten von Geschwistern untereinander auszugleichen, kann es zu Unterdrückung und zu demütigenden Verletzungen unter den Kindern kommen. Es ist eine Kulturleistung, das Konkurrieren, das nun einmal auch zu uns gehört, in konstruktive und faire Bahnen zu lenken, damit tatsächlich Geborgenheit in der Familie herrschen kann.

Wer sich dieser beiden Muster – Solidarität und Konkurrenz – nicht bewusst ist und sie nicht integriert hat, befindet sich in erhöhter Gefahr, seelisch verletzt zu werden und zu verletzen. Wünscht er zum Beispiel Nähe und öffnet sich, so sucht der andere vielleicht Wettbewerb und kameradschaftliches Kräftemessen. Beides, das Sichöffnen und das Konkurrieren, gehören übrigens dazu, wenn zwei sich begegnen und sich kennenlernen. Ist uns bewusst, was gerade dran ist und welche Spielregeln gelten?

Wer seelisch zuerst verletzt wird, liegt auf der Hand. Ob auch der andere eine Wunde davontragen wird, ist offen. Doch wer verletzt hier eigentlich? Bewusst verletzt nur, wer die Offenheit des anderen gezielt ausnutzt, um ihm zu schaden oder ihm wehzutun.

Begrenzte Wahrnehmung und fehlende Zentrierung

Unsere Fähigkeit, bewusst wahrzunehmen, ist begrenzt. Selbst Hochsensible, die mehr und differenzierter wahrnehmen können als andere, kommen rasch an ihre Grenzen. Vor einigen Jahrzehnten schon wurde herausgefunden, dass ein Mensch zwischen fünf und neun Reize gleichzeitig bewusst aufnehmen kann. Mehr nicht! Das macht es so schwierig, die eigene Situation und die des anderen von einem Moment zum anderen zu erkennen und den Ansprüchen beider Seiten gerecht zu werden, damit es nicht zu Verletzungen kommt.

Kompliziert kann es werden, wenn einer der Beteiligten sich selbst und damit seine Bedürfnisse und Interessen übergeht und stattdessen nur auf den anderen und dessen Wohlergehen schaut. Wenn er die Welt in dessen Anwesenheit also nicht aus der eigenen Position erlebt, sondern ausschließlich aus der des anderen. Dann füllt er die Waagschale des anderen, vernachlässigt seine und kommt dabei zu kurz. Vielleicht geht er davon aus, dass der andere es ebenso macht. Oder er erwartet, dass der andere merkt, wie »fürsorglich« er ist, und ihm deswegen entgegenkommt. Doch diese Vorstellung stellt eine Überforderung an die Wahrnehmung des anderen dar. Je weniger ein Mensch sich selbst spürt und für seine Bedürfnisse sorgt, desto mehr befindet sich sein Gegenüber in der Gefahr, ihn ohne jede Absicht zu verletzen.

Wer sich hingegen spürt und zentriert ist, dabei jedoch ausschließlich sich selbst wahrnimmt, kann zwar gut für sich sorgen, doch er bemerkt den anderen nicht mehr. Vielleicht geht er davon aus, dass der andere es ebenso macht, ebenso zentriert für sich selbst sorgt, während dieser seine eigenen Bedürfnisse nicht spürt. Durch dieses Ungleichgewicht kippt die Waage ebenfalls, und das ist stets mit seelischen Verletzungen auf beiden Seiten verbunden. Wendet sich der andere von dem Zentrierten ab, so fühlt auch der sich verletzt.

Nicht besser ist es, wenn beide nicht zentriert sind und die Welt aus der Position des jeweils anderen wahrnehmen. So sorgt einer zwar für den anderen, doch wer ist schon in der Lage, so präzis fremde Bedürfnisse zu verstehen? Allzu leicht mischen sich eigene Belange mit hinein, die dem Gegenüber zugeschrieben werden. Auch hier kommt es zu Verletzungen, da sich einer schnell vereinnahmt und im Extremfall manipuliert fühlen kann.

Wenn es zu seelischen Verletzungen kommt, waren häufig zu große Nähe, zu große Offenheit und fehlende Grenzen im Spiel. Je höher Sehnsucht, Erwartungen, Wünsche und Hoffnungen an andere geschraubt werden, desto verletzlicher sind wir. Erst das bewusste Wahrnehmen der eigenen und der anderen Person sowie des »Dazwischen« stellen einen guten Schutz vor seelischen Verletzungen dar.

Das trügerische Entweder-oder

Viele Menschen kennen nur den Kippschalter des Entweder-oder in ihrem Leben: Zum Beispiel sind sie ganz und ohne jeden Vorbehalt offen. Dadurch jedoch sind sie leicht verletzbar. Es kann sogar sein, dass sie mit dieser Einstellung Menschen anziehen, die sie ausnutzen und in der Folge verletzen. Wenn sich ein Mensch nach einer schmerzlichen Verletzung als Reaktion auf seine schutzlose Offenheit verschließt und dabei ganz »dicht« macht, dann verletzt er sich im Grunde ebenfalls selbst. Denn er schottet sich damit zugleich gegenüber all dem Schönen ab, das es auch gibt und das für ihn dann nicht mehr erreichbar ist. Er lebt abgetrennt von der Welt und damit auch von der Energie des Lebens vor sich hin. Dieser Zustand tut ihm selbst durchaus nicht gut. Vielleicht spürt er das irgendwann. Da ihm Übergänge zwischen Entweder und Oder unbekannt sind, öffnet er sich dann wieder ganz und gar – und wird erneut verletzt. Viele Menschen pendeln zwischen diesen beiden Extrempositionen, die beide nicht befriedigend sind und nur zu weiteren und ständig neuen Verletzungen führen. Die Lösung besteht darin, die vielfältigen Übergänge zwischen beiden Extremen zu erkunden und bewusst mit dem Grad der Offenheit umzugehen, ähnlich wie mit einem Dimmer: Wie weit kann ich mich hier öffnen, ohne mich selbst zu gefährden? Und wie weit reicht es, mich rechtzeitig zu verschließen, damit ich nicht verletzt werde und mich nicht selbst schädige?

Wenn diese Problematik auf Sie zutreffen sollte, kennen Sie sicher die beiden Zustände, die sich deutlich voneinander unterscheiden. Sie können lernen, auf neue Weise damit umzugehen.

Die Weite zwischen Entweder und Oder

- Legen Sie in einer Distanz von etwa einem Meter vor sich eine Wäscheleine aus oder markieren Sie eine gedachte Linie mit zwei Zetteln im Abstand von vielleicht zwei bis drei Metern auf dem Boden. Die Zettel oder Enden der Leine markieren die Extrempositionen »offen« – »geschlossen«.
- Stellen Sie sich auf einen der Endpunkte. Er steht für den Extremzustand, ganz offen zu sein. Vielleicht ist er ihnen geläufig oder Sie erinnern ihn aus Ihrer Kindheit. Manchmal hilft es, sich eine Situation der Vertrautheit vorzustellen: Die meisten Menschen lächeln dann und machen ihr Herz ganz weit.
- Das entgegengesetzte Ende ist der Platz für den Zustand, in dem Sie ganz geschlossen sind. Vielleicht ist auch der Ihnen geläufig. Sie brauchen nur an eine bittere Enttäuschung oder eine andere seelische Verletzung zu denken. Um in diesen Zustand zu kom-

men, hilft es manchmal auch, sich in eine starre und unzugängliche Person hineinzuversetzen. Achten Sie dabei auf die Reaktionen Ihres Gesichts, nehmen Sie wahr, wie Sie sich zusammenziehen, auch im Herzbereich. Wie wirkt sich dieses Verschlossensein auf die Spannung in Ihren Muskeln aus? Und nicht zu vergessen: Wie denken Sie dann? Welchen Einfluss hat das auf Ihre Gefühle und auf Ihre körperliche Befindlichkeit? ... Zuerst probieren Sie also die beiden Extrempositionen aus und nehmen dabei wahr, welche Auswirkungen damit sonst noch verbunden sind.

offen   geschlossen

- Dann versuchen Sie, auf der Linie unterschiedliche Positionen zwischen den Extrempositionen einzunehmen und kennenzulernen. Nehmen Sie sich dafür Zeit. Wie ist es, von der Verschlossenheit ein wenig in Richtung Offenheit zu gehen? Und wie ist die Wirkung auf Sie, wenn Sie sich wieder ein wenig mehr schließen? Erkunden Sie die Positionen zwischen den Extremen und schieben Sie sich wie ein »Dimmer« in kleinen Abstufungen hin und her.
- Später reicht es, sich diesen Dimmer in konkreten Situationen mit Verletzungsgefahr vorzustellen und die passende Einstellung für das Sich-öffnen und -schließen einzunehmen.

(Die Thematik von Abstand und Grenzen habe ich an anderer Stelle grundlegend behandelt: »Bis hierher und nicht weiter. Wie Sie sich zentrieren, Grenzen setzen und gut für sich sorgen«).

Kollisionen mit dem Leben

Um diese seelische Verletzung kommen wir nicht herum: unsere eigene Sterblichkeit und den Tod von uns Nahestehenden. Der Schmerz der Trauer und des Verlustes ist unausweichlich. Auch wenn wir darum wissen, können wir uns als Lebende den Tod und das Nichtsein eigentlich gar nicht vorstellen. Wir kollidieren mit dieser Bedingung des Lebens. Es kränkt uns, ihr wie ein Verurteilter in einer Todeszelle unterworfen zu sein, und obendrein sind wir auch noch im Unklaren, wann es so weit ist. Angesichts des Todes stößt unsere Klugheit an Grenzen. Wir werden älter und fühlen uns längst nicht mehr unsterblich, so wie damals, als wir jung waren. Der Blick in den Spiegel kann wehtun. Ebenso trifft uns der Tod eines anderen Menschen. Wir werden verlassen.

Wir hoffen auf Gesundheit, doch wir spüren, dass wir es vielleicht nicht sind, und irgendwann könnten wir eine Diagnose erhalten, mit der wir nicht gerechnet haben. Wir haben den Traum, dass jede Krankheit kuriert werden kann, doch vielleicht müssen wir eine Krankheit annehmen und mit ihr leben.

Die Natur ist machtvoll, ihre Katastrophen können uns überrollen, unsere Hoffnungen und Wünsche zerstören. Ebenso Krieg und andere Gewalt, das Erleiden von Unterdrückung und Willkür. Es gibt einen Unterschied zwischen diesen kollektiven seelischen Verletzungen und den individuellen: Wir sind ihnen nicht allein ausgesetzt, es gibt Leidensgenossen. Wir können uns mit ihnen austauschen, uns gegenseitig stützen und helfen, Widerstand leisten. Doch auch hier kollidiert etwas: Unsere Wünsche, Hoffnungen und Erwartungen treffen auf etwas, das passiert und so viel stärker ist als wir.

Ebenso können unsere Vorstellungen kollidieren mit der Macht der Wirtschaft, von Staat und Ämtern, Institutionen und Hierarchien. Die Verhältnisse mögen wir vielleicht ganz oder in Details ablehnen. Je weniger wir jedoch annehmen, was ist, desto höher ist die Verletzungsgefahr. Annahme meint hier nicht ein

Willkommen- oder Gutheißen, es meint nur, dass wir dem ins Auge schauen, was ist und womit wir rechnen müssen.

Rundumschläge

Manch einer beklagt seelische Verletzungen, die er immer wieder durch stets dieselbe Kategorie von Menschen erlitten hat. Manchmal haben ihm »die« Menschen übel mitgespielt, vielleicht kreist er es auch ein ganz klein wenig enger ein: »die Männer«, »die Frauen«, »die Jugend«, »die Gesellschaft«. Ihnen allen lastet er an, was ihn verletzt hat, wie zum Beispiel mangelnden Erfolg, Einsamkeit oder fehlende Lebensfreude. Auch dazu tragen Kollisionen bei. Sie werden von unrealistischen Erwartungen bewirkt, die dem Faktischen nicht entsprechen, von einem Menschenbild, das die Mitmenschen überfordert. Enttäuschungen bereiten wir uns selbst, wenn wir die Möglichkeit des Scheiterns nicht in das Konzept des Lebens einbeziehen. Am Ende kommt es nicht mehr zu Kollisionen, sondern nur noch zu Bestätigungen durch das Leben und die Mitmenschen – das Leid wird geradezu erwartet.

Je näher der andere, desto tiefer die Verletzung

Kommt eine Verletzung von einem ranghöheren Menschen, nehmen wir sie wichtiger, als wenn sie von einer gleichrangigen oder gar von einer rangniedrigeren Person ausgeht. Rang bezieht sich vor allem auf unsere eigene Bewertung: Schätzen wir diese andere Person, verehren oder lieben wir sie sogar? Je wichtiger sie uns ist, desto tiefer kann sie uns treffen. Wir hoffen, dass auch wir ihr wichtig sind. Unsere hohe Einschätzung dieser Person kollidiert bei einer Verletzung mit dem niedrigen Stellenwert, den wir in ihren Augen offenbar nur haben. Eine Person, die uns gleichgültig ist, ist oft gar nicht in der Lage, uns zu treffen. Es mag sein, dass sie durch ihr Verhalten nur unser Bild von ihr bestätigt. Auch der soziale Rahmen spielt eine Rolle: Eine Beleidigung unter vier Augen ist verletzend. Wenn sie vor versammelter Mannschaft stattfindet, wirkt sie bedeutend stärker. In einer Situation, in der wir das Gefühl haben, allein gegen alle zu stehen, wenn wir also niemanden haben, der auf unserer Seite ist, kann sie uns intensiver treffen, es sei denn, wir wären ein richtiger Michael Kohlhaas und könnten daraus eine Bestätigung beziehen. In der Öffentlichkeit kann die Wirkung einer Verletzung sowohl verstärkt als auch abgeschwächt erfahren werden. Dabei spielt es eine Rolle, ob der Angegriffene in einem solchen Rahmen die Möglichkeit hat, sich zu behaupten und seinen Standpunkt darzustellen. Wenn nicht, fühlt er sich nicht nur allein, sondern auch ohnmächtig und hilflos. Je weniger er selbst aktiv unternehmen kann, desto mehr wird er zum Opfer.

Sehr häufig sind uns diejenigen, die uns verletzen, so nahe, dass sie unsere Empfindlichkeiten kennen und so ihre Stiche ganz präzise setzen und genau dosieren können. Meister ist, wer unter der allgemein anerkannten Schmerzgrenze bleibt, auch wenn er weiß, dass das persönliche Maß des Erträglichen bei seinem Opfer längst weit überschritten ist. Wer sich dagegen wehrt, wird dann obendrein oft noch als kleinlich oder überempfindlich bezeichnet und ins Unrecht gesetzt.

Hildegard: »Ich habe mir immer wieder gesagt, er ist doch dein Bruder, und versucht, mich ihm gegenüber geschwisterlich zu öffnen, wie ich es mir so sehr gewünscht hatte und wie ich es bei meiner besten Freundin und ihren Brüdern erlebt habe. Durch meine Offenheit war er stets im Bilde, wie er mich am tiefsten treffen konnte. Da reichte oft nur eine Anspielung, die anderen ganz verborgen blieb.«

Wann es uns am tiefsten trifft

Kommt eine Verletzung unerwartet, können wir uns nicht dagegen wappnen. Wenn bereits ein gespanntes Verhältnis besteht, können wir uns besser darauf einstellen. Manchmal erwarten wir den nächsten Schmerz sogar. Aber nicht jeder Angriff ist verletzend gemeint, auch wenn es so erscheinen mag. Das gilt insbesondere für Wortspiele und kleine Provokationen. Wer nicht versteht, dass es sich dabei um eine Herausforderung zum Kräftemessen handelt, kann sich verletzt fühlen. Dabei geht es dem anderen vielleicht nur darum, seine Schlagfertigkeit und seinen Witz unter Beweis zu stellen. Es ist eine Einladung zum Dazugehören, und nicht jedem wird diese Ehre zuteil. In einer Situation, in der ein so herausgeforderter Mensch ohnehin zu kämpfen hat, fehlt es ihm allerdings an dem erforderlichen Maß von »entspannter Spannung«, in der er so viel Schlagfertigkeit aufbringen könnte, um angemessen zu kontern.

Anders die ernst gemeinten Angriffe und Verletzungen: »Jetzt geht es mir schon so schlecht, und dann auch noch dieser hinterhältige Schlag!« Angriffe ziehen wir verstärkt dann an, wenn wir uns bereits schwach fühlen oder auf wackeligem Posten stehen. Und wo werden wir genau getroffen? An unseren schwachen Stellen! Hinzu kommt, dass wir in Momenten der Schwäche besonders empfindlich reagieren. Dann trifft jede Verletzung besonders tief. Wir wünschen uns Solidarität, doch selbst die Menschen, die uns nahe sind, können sich jetzt gegen uns wenden.

Lehrern, die zu Hause Probleme haben und angeschlagen vor ihre Klasse treten, wird obendrein übel von ihren Schülern mitgespielt. Eltern, die im Beruf kritisiert werden, werden zu Hause von den Kindern und obendrein vom Partner noch mehr infrage gestellt und oft sogar weitaus härterer Kritik ausgesetzt. Kinder nutzen eine momentane Schwäche ihrer Eltern aus, um sich die Erfüllung von Wünschen zusagen zu lassen. Selbstverständlich geschieht das alles nicht aus ausgeklügelter Berechnung und Bosheit. Offenbar fühlen sie sich durch die Schwäche unterschwellig herausgefordert, es in dieser Situation zu probieren, ein paar Schritte weiterzugehen.

In der Natur würde es übrigens keinen Sinn machen, jemanden zu attackieren, der stärker ist. Der Angreifer würde eine Niederlage einstecken. Also stellen sich weniger Starke mit den Kräftigeren lieber gut und versuchen, nicht ihren Unmut zu erregen. Herausgefordert werden nur etwa Gleichstarke, wenn es darum geht, die Kräfte zu messen oder den Rang festzulegen, oder Schwächere. Offenbar gibt es eine Art Sensorium für den energetischen Zustand eines anderen, auch in uns Menschen. Es sei dahingestellt, wie dieser Sinn im Einzelnen funktioniert, ob er darin besteht, aus der Summe lauter kleiner Beobachtungen, wie zum Beispiel Körperhaltung, Muskelspannung und Gesichtsfarbe, solche Schlüsse ziehen zu können, oder ob es sich um eine unterschwellige energetische Wahrnehmung handelt.

Da diese archaische Reaktionsweise offensichtlich auch in uns Menschen noch wirkt, den meisten jedoch nicht bewusst ist, macht es keinen Sinn, sie ihnen moralisch anzulasten. Für den Verletzten und Geschwächten gilt es jedoch, in Situationen der Schwäche ganz besonders auf der Hut zu sein oder sich wie ein verletztes Tier zu verkriechen. Doch es gibt auch die Möglichkeit, seine Mitmenschen anzusprechen und sie um Rücksicht zu bitten, wenn man sich schwach fühlt. Denn das ist ebenfalls Teil unseres Erbes: Solidarität, Rücksicht und Fürsorge.

Eine Lehrerin appellierte mit der Erklärung, dass sie zu Hause Probleme habe, deswegen verletzlich sei und eine ruhige Unterrichtsatmosphäre brauche, erfolgreich an die Ritterlichkeit der starken Jungs in einer schwierigen Klasse. Im Übrigen bewies sie durch das Zeigen von Schwäche Mut und Stärke, die auf einer anderen Ebene ja weiterhin vorhanden waren.

Die Richtung von Verletzungen

Dass wir von Rivalen verletzt werden können, liegt auf der Hand. Auch für Ellenbogenkämpfe gibt es Regeln der Fairness, ebenso wie beim Boxen. Wenn wir daran teilnehmen, sollten wir in der Lage sein, uns das zuzumuten. Doch wie schnell werden die Grenzen der Fairness überschritten! Anders als beim Boxkampf gibt es keinen Ringrichter. Auch sehen wir nicht, was alles hinter unserem Rücken geschieht. Allein der Erfolg des anderen kann verletzend auf uns wirken, auch wenn es dann niemanden gibt, der uns aktiv verletzt. Wir selbst sind es, die eine entsprechende Nachricht als verletzend bewerten.

Ebenso können die Starken und Mächtigen verletzen, wenn sie nicht rücksichtsvoll mit den weniger Erfolgreichen umgehen. Mancher erlebt allein schon die Tatsache, sich nach einem Vorgesetzten richten zu müssen, als Zurücksetzung. Wer verletzt hier? Derjenige, der seine berufliche Position einnimmt und ausfüllt? Oder der, der diesen Umstand als verletzend erlebt?

Die Löwen haben es auf die jüngsten, die schwächsten oder auf die verletzten Antilopen abgesehen, außerdem auf Tiere, die sich am weitesten von ihrer Herde entfernt haben. Bei Rivalitätskämpfen haben nur die Angriffe auf Schwächere Aussicht auf Erfolg. Gewalt geht in der Natur vom Stärkeren aus und landet beim Schwächeren. Ebenso folgt Macht der Schwerkraft, sie wirkt von oben nach unten. Das gilt auch für seelische Verletzungen, bei denen der Verursacher es sich leisten kann, sich offen zu zeigen. Je weniger Starke gelernt haben, soziale Verantwortung zu tragen, desto eher sind sie bereit, sogar aus bloßem Übermut andere zu treffen.

Für heimliche und anonyme Verletzungen bestehen wiederum ganz andere Zusammenhänge. Nichts ist einfacher, als selbst erlittene Verletzungen weiterzugeben. Selten werden sie dorthin zurückgereicht, woher sie stammen, das hieße oft, einen Stärkeren und Mächtigeren herauszufordern und sich dem ungleichen

Kampf zu stellen. Darum sind Menschen, die andere verletzen, sehr häufig selbst Verletzte, die sich auf diese Weise Erleichterung verschaffen.

Ein Schwacher kann es sich nicht leisten, einen Stärkeren offen seelisch zu verletzen. Seine Angriffe kommen daher häufig heimlich daher, sodass er selbst nicht in Erscheinung tritt und nicht greifbar ist, wie etwa bei Verleumdung und übler Nachrede, dem Streuen von Gerüchten. Das Internet bietet Verleumdern ein weites Wirkungsfeld.

Sich selbst seelisch verletzen

Viele Menschen gehen mit sich selbst so verletzend um, als wären sie ihr eigener ärgster Feind. Als ihr eigener Gegner können sie gefährlicher sein als mancher äußere Feind, denn diesem inneren Angreifer können sie sich nicht entziehen, er ist über jede ihrer inneren Regungen informiert, und so treffen seine Stiche präzis.

Nicht jeder, der verletzend mit sich umgeht, ist sich dessen bewusst. Er übernimmt oft nur die Bewertungen anderer und betrachtet sein verletzendes Verhalten als Gewohnheit, weil er es selbst so erfahren hat. Zu fühlen und zu denken wie diejenigen, die ihm so zugesetzt haben, war vielleicht der einzige Weg, es zu ertragen. Wer gedemütigt wird, entwickelt oft ein Gegenbild von sich, wie er zu sein hätte, damit er das, was er gerade erlebt, nicht über sich ergehen lassen müsste. Wenn das Gegenbild mit dem, was er tatsächlich lebt, kollidiert, bekämpft eine Seite die andere. Jeder Stich und jeder Hieb trifft dabei die eigene Person. Und mehr noch: Jede äußere seelische Verletzung facht diesen inneren Konflikt erneut an und wirkt auf diese Weise doppelt verletzend.

Ein respektvoller Umgang mit sich selbst

- Falls es auf Sie zutrifft, dass Sie bisher verletzend mit sich umgegangen sind, empfiehlt es sich, alles, was Sie zu sich im Selbstgespräch sagen, laut auszusprechen, wenn Sie allein sind. Zum einen wird Ihnen dadurch bewusst, was Sie sich damit zumuten. Zum anderen erkennen Sie, wie sich das auf Sie auswirkt. Sich selbst zu kränken und zu entmutigen schwächt. In dem Zustand sind Sie wiederum anfälliger für Fehleinschätzungen und das Misslingen Ihrer Bemühungen, was dann gewöhnlich erneut Anlass bietet, verletzt zu werden und verletzend mit sich umzugehen.

- Noch leichter durchbrechen Sie diesen Teufelskreis, wenn Sie im Selbstgespräch konsequent in der Höflichkeitsform mit sich sprechen, sich also siezen. Allein schon dadurch gehen Sie bewusster mit sich um, außerdem unterlaufen Sie damit eine alte Routine. Während »Du Rindvieh!« vertraut klingt, hört sich »Sie Rindvieh!« ungewohnt und irgendwie unpassend an.

- Bereits nach wenigen Wochen geht Ihnen der respektvolle Umgang mit sich selbst in Fleisch und Blut über. Damit haben Sie Ihr inneres Klima schon deutlich verbessert.

Wann seelische Verletzungen besonders gut gedeihen

Oft liegt es an der fehlenden Klarheit der Beziehungen zwischen Menschen, z. B. an der Scheu von Eltern, Lehrern und Vorgesetzten, ihre Position auszufüllen, eindeutige Ansagen zu machen und konsequent zu bleiben, dass seelische Verletzungen bis hin zum Mobbing gedeihen können: Dazu gehört oft auch die Angst vor Konflikten, bei denen es immerhin möglich ist, auch selbst einmal jemanden zu verletzen. Diese Schwäche kann das Ergebnis moralischer Selbstüberforderung sein. Es ist die Angst dieser Menschen davor, die Macht, die sie aufgrund ihrer Stellung haben, tatsächlich auszuüben. Beim Thema Macht gibt es jedoch kein Vakuum. Sie fließt ganz von selbst den Starken zu, wohl unter der Maßgabe, sie konstruktiv zu verwenden und für das Wohl der Gesamtheit und damit auch ausgleichend für weniger Starke zu sorgen.

Wenn Eltern oder Lehrer nicht zu ihrer Position stehen, wird dieser freie Raum von den Kindern eingenommen. So kommt es gewöhnlich zu verletzenden Rangeleien. Heranwachsende sind noch nicht in der Lage, diesen freien Raum verantwortlich auszufüllen. Die Älteren und Stärkeren üben dann in der Regel Macht über die Jüngeren und Schwächeren aus, manchmal nicht offen bei Tisch, sondern heimlich darunter und unverstellt nur in Abwesenheit der Erziehungsberechtigten, damit der Schein der Harmonie gewahrt bleibt.

In Schulklassen ist es deutlich zu sehen: Wenn der Lehrer schwach ist, übernehmen die Schüler aus der hinteren Reihe die Regie. Das Ergebnis ist ein Lernklima, das von ständigen Regelverstößen und Angriffen auf den Lehrer geprägt ist, die dieser gewöhnlich mit Abwehrmaßnahmen beantwortet, die am Ende nur wieder seine Schwäche demonstrieren. Eine solche Atmosphäre wirkt sich auch auf die weniger dominanten Schüler aus. Sehr leicht werden sie zur Zielscheibe der Attacken der Stärkeren in der Klasse, deren Herrschaft dazu führen kann, dass einzelne Mitschüler an den Rand gedrängt, verletzt, gequält und am Ende ausgegrenzt werden.

Es ist bekannt, dass sich Menschen als Einzelpersonen bewusster und verantwortlicher verhalten, als wenn sie Teil einer Gruppe sind. Selbst wer nicht das Bedürfnis hat, andere zu Opfern zu machen, lässt sich leichter dazu hinreißen, wenn er Teil einer »Horde« ist. Hinzu kann die Angst kommen, dass, wer nicht mit den Wölfen heult, selbst zum Opfer von Nachstellungen werden könnte.

Nicht anders ist es bei dem Phänomen des Mobbings. Auch hierfür ist die Führungsschwäche eines Chefs die Voraussetzung.

Hinzu kommt, dass der Leistungs- und Anpassungsdruck häufig so groß ist, dass es entlastend sein kann, das Übermaß an Druck an die weiterzugeben, die weniger Leistung erbringen oder sich weniger gut anpassen können, die bereits an den Rand der Horde gedrängt sind oder nicht mit den Wölfen heulen. Oft blicken Mobbingopfer auf eine lange Geschichte von seelischen Verletzungen und Ausgrenzung zurück, die häufig schon in der Kindheit begonnen hat. Die Angst davor, dass sich Ähnliches wiederholen könnte, hat zur Folge, dass sie sich anders verhalten als andere, zum Beispiel angespannt oder unterwürfig, was erneut dazu führen kann, dass sie am Ende als Außenseiter verletzt und ausgegrenzt werden. Wer sich wiederholt gemobbt fühlt, sollte das Thema so früh wie möglich gegenüber Vorgesetzten ansprechen, um die Situation zu klären. Wenn das nichts fruchtet, wird ihm nichts anderes übrig bleiben, als notfalls alle rechtlichen Möglichkeiten in Anspruch zu nehmen oder den Arbeitsplatz zu wechseln. Das Angebot zur Selbsthilfe, wie sie dieses Buch bietet, ist zwar ein wichtiger Baustein, um die Folgen von Ausgrenzung und Mobbing zu verarbeiten, reicht zur Bewältigung jedoch oft nicht aus, vor allem wenn wie so häufig mit dem Mobbing eine Form von Traumatisierung einhergegangen ist. Wer Opfer von Mobbing ist, braucht meist eine tiefer greifende Hilfe, wie sie nur eine entsprechende Psychotherapie bietet.

Die erneute Begegnung mit einer verletzenden Person

Hildegards Verhältnis zu ihrer Schwester ist seit ihrer Kindheit von Sticheleien und Verletzungen bestimmt. Nachdem sie erkannt hat, nach welchem Muster die Begegnungen verlaufen, wird ihr auch klar, dass sie Zusammentreffen mit ihrer Schwester weder vermeiden kann noch will. Ein Kontaktabbruch wäre Illusion: Ihre Schwester gehört zur Familie, sie ist auch in ihr, gewissermaßen als »Stimme«, als Verarbeitungsmuster, sie weiß schon im Voraus, wie sie reagieren wird. Ob sie es will oder nicht, sie ist und bleibt mit ihr verbunden.

Was also tun? Hildegard kann in ihrer Anwesenheit besonders wachsam sein und räumlich Distanz zu ihr wahren. Sie kann überlegen, in welchem Abstand zu ihr sie sich aufhält und wie lange sie in einer Situation bleiben kann, ohne dass es zu Eskalationen kommt. Dabei greift sie auf Erfahrungswerte zurück. Sie will sich nicht überfordern. Wichtig ist auch, wo die inhaltlichen Grenzen liegen, über die sie ihre Schwester nicht kommen lassen möchte. Es war immer so verführerisch gewesen, offen zu ihr zu sein und ihr alles zu erzählen, denn schließlich hatte sie sich gewünscht, von ihr verstanden zu werden. War ihre Schwester dann in vertrauter Atmosphäre bis ins Detail informiert worden, hatte sie genügend Munition und begann mit ihren Angriffen. Diese Mechanismen würde sie so nicht mehr zulassen. Sie begann, eine neue Herangehensweise zu finden, ein neues Maß an Offenheit und innerer Distanz.

Sich bewusst vorbereiten

Wenn erneute Begegnungen mit Menschen, die Sie bereits in der Vergangenheit verletzt haben, anstehen, sollten Sie sich vorbereiten. Fragen Sie sich:

- Wie weit möchten Sie die betreffende Person an sich herankommen lassen, die Sie bereits früher öfter verletzt hat?
- Wie lange ist ihre Nähe für Sie unproblematisch oder vielleicht sogar erfreulich?
- Über welche Themen möchten Sie mit ihr nicht sprechen? Welche anderen Themen wären hingegen interessant für Sie?
- Auf welche Weise möchten Sie mit ihr kommunizieren?

Werden Sie sich darüber bereits im Vorfeld klar. Ihre Klarheit strahlen Sie in der konkreten Situation nämlich aus, sodass Ihre Grenzen dann vielleicht gar nicht bedrängt und Sie nicht verletzt werden.

Der Moment der Verletzung

Wenn ein Kind hinfällt und sich dabei wehtut, dann erlebt es zunächst einen kurzen Moment der Starre, es ist überrascht und irritiert. Es braucht ein, zwei Sekunden, manchmal auch etwas länger, bis es seinen Schmerz wahrnimmt, ihn spürt und zu weinen anfängt. Es ruft nach seinen Eltern. Sie, andere Erwachsene oder ältere Kinder kommen herbei und heben es auf. Sie schauen die Verletzung an und leisten wenn nötig Erste Hilfe und versorgen die Wunde. Vor allem sind sie körperlich spürbar da. Das Kind fühlt sich durch ihre Präsenz beschützt.

In den frühen Tagen der Menschen war ein Kind ganz besonders angreifbar und wäre anderen Mitgeschöpfen leicht zur Beute geworden, ganz besonders, wenn es auch noch verletzt war. Ein Kind ist schwach. Seine einzige Überlebensstrategie besteht darin, Aufmerksamkeit zu erregen und sich von anderen auffangen zu lassen. In ihrem Schutz spürt es Geborgenheit, das wirkt beruhigend. Es ist nicht allein in seinem Schmerz. Vielleicht weint es noch ein wenig, allmählich kann es loslassen, sein Schluchzen verebbt. Auch wenn sein aufgeschlagenes Knie weiterhin wehtut, der Schmerz verändert sich.

Die Welt des Kindes zieht sich im Moment der Verletzung blitzartig zusammen auf dieses kleine verletzte Areal über der Kniescheibe. Auf diesen Schmerz konzentriert sich die gesamte Wahrnehmung des Kindes. Es spürt sich selbst nur noch dort. Es gibt nur noch diesen Schmerz. Die unmittelbare Nähe der Mutter oder einer anderen vertrauten Person, ihre Wärme, ihre Ruhe und Kraft führen dazu, dass sich der Zustand des Kindes ihrem Zustand allmählich angleicht. Sein Atem wird tiefer, das Herz schlägt ruhiger, es lässt die Anspannung der Muskeln los, sein Brustbereich, der sich im Moment der Verletzung krampfartig zusammengezogen hatte, weitet sich wieder. Auch ist seine Wahrnehmung weniger eingegrenzt, das Kind kann jetzt auch wieder anderes spüren als sein verletztes Knie, zum Beispiel wie die Mutter es liebevoll in ihren Armen hält. Es hört den vertrauten Klang ihrer Stimme. Dadurch löst und wandelt sich der Schmerz allmählich. Mehr und mehr lässt das Kind los. Bald kann es wieder aufspringen und sich der Welt und ihren Reizen neu zuwenden. Eine Veränderung hat stattgefunden. Die Welt war in einem einzigen Moment zusammengestürzt. Sie wird wohl nicht mehr ganz so sein wie zuvor, als das kleine Kind so unbekümmert durch den Garten gelaufen war. Es hat erkennen müssen, dass es Hindernisse beachten muss, mit denen sein kleiner Körper kollidieren kann. Es hat auch erlebt, dass es Schmerz gibt und dass glücklicherweise auch Menschen da sind, die ihm zu Hilfe kommen und seine Welt wieder aufrichten. Dank ihrer Anwesenheit, ihrer Ruhe und dem Rückhalt, den sie ihm geben, geht es durch den Schmerz und lässt ihn, nachdem es ihn durchlebt hat, auch wieder los.

Auch nach einer seelischen Verletzung ist die Welt für das Kind eine andere. Das einfache Orientierungssystem von »angenehm« und »unangenehm«, von »gut« und »böse« differenziert sich. Es erlebt, dass der liebe Sandkastenfreund, mit dem das Spielen sonst so viel Freude bringt, nicht immer nur nett ist, und dass es bei aller Harmonie Interessengegensätze und Grenzen gibt. Als es nach dessen Schaufel greift, wird der Sandkastenfreund böse und haut damit. Die Tante, die ihm eben noch Schokolade gegeben hat, schüttelt nun den Kopf und legt den Rest in die Dose. Die älteren Kinder, die sonst so freundlich sind, lassen es nicht mitspielen und schicken es fort. Es stößt an Grenzen und jede Kollision verändert sein Bild von der Welt. Es wird von Mal zu Mal differen-

Der Moment der Verletzung

zierter. Es nähert sich mehr und mehr der Welt da draußen an, wie sie ist. Ein Dialog findet statt, die Welt reagiert auf die Versuche des Kindes, sich im Leben zurechtzufinden. Sein Misslingen oder sein Gelingen, sein Versagen oder sein Erfolg wird beantwortet mit Schmerz oder mit Freude.

Stress im Erleben

Wenn ein Mensch bedroht oder gar physisch angegriffen wird, gerät er in Stress. Ganz von selbst reagiert unser Körper so, wie es die Natur für die Sicherung des Überlebens unserer tierischen und frühen menschlichen Vorfahren in der Wildnis vorgesehen hat. Zu unseren ererbten Reaktionen gehören etwa verstärkte Adrenalinausschüttung, die Erhöhung des Muskeltonus, aber auch Veränderungen unserer Wahrnehmung und unseres Denkens. Die Wahrnehmung fokussiert sich einzig und allein auf das, was uns bedroht. Alle anderen Reize sind in dem Moment nicht wichtig und werden ausgeblendet. Unser Großhirn wird weitgehend abgeschaltet, der Zugang zu unserem Wissen spielt in diesem Moment keine Rolle, es geht allein um das Überleben in der Bedrohung. Die Entscheidungsmöglichkeit wird begrenzt auf Angriff, Flucht oder das Sich-tot-Stellen, und nicht einmal diese Entscheidung treffen wir willentlich, damit wären wir viel zu langsam. Sie wird uns abgenommen. Mit anderen Worten, wir sind im Stress bestens ausgerüstet für den Überlebenskampf in der Steinzeit, bei dem es einzig darum geht, unser Leben zu erhalten. Allerdings ist dieses genetische Erbe für uns Heutige in unserer komplizierten zivilisierten Umwelt eher zum Hindernis und zur Last geworden.

Stress bei seelischen Verletzungen

Jeder körperliche Angriff und jede körperliche Verletzung ist zugleich auch eine seelische Verletzung. Wir wünschen uns ein Leben ohne Bedrohung und Niederlagen, wir wünschen uns Unversehrtheit und Wohlergehen. Es kommt zu einer physischen Kollision und wir reagieren als ganzer Mensch darauf mit unserem Denken, unserem Körper und unseren Gefühlen. Ebenso sind die Auswirkungen von seelischen Verletzungen keineswegs allein auf unsere Gefühle beschränkt. Mit ihnen verändern sich zugleich auch unsere körperliche Befindlichkeit und unsere Art zu denken. Und das Denken wirkt sich wiederum auf unsere Gefühle und auf unsere körperliche Befindlichkeit aus. Wenn wir nicht aufpassen, drehen wir uns in unserem Schmerz im Kreis und erneuern ihn damit ständig.

Manche seelischen Verletzungen kommen schleichend und heimlich auf uns zu und sind kaum zu greifen. Andere hingegen treffen uns plötzlich und direkt wie ein Schlag ins Gesicht. Wenn wir uns angegriffen und seelisch verletzt fühlen, dann kann auch in diesem Moment unsere Stressreaktion aus der Steinzeit ausgelöst werden, mit all ihren Folgen auf Körper, Wahrnehmung und Denken. Wir sehen dann nur noch unsere Verletzung und unseren Schmerz. Begleitende und mildernde Umstände können wir nicht mehr erkennen, ebenso wenig sehen wir, dass wir vielleicht selbst etwas dazu beigetragen haben, dass es so weit kam. Wir haben die Zwischentöne verloren, weder Wahrnehmung noch Denken sind jetzt noch in der Lage, zu differenzieren. Wir sehen Schwarz oder Weiß, betrachten andere als Freund oder als Feind, bewerten sie und ihr Verhalten als gut oder böse. Diese Art wahrzunehmen und zu denken fragt nicht nach Ursachen, sondern sucht nur den einen Schuldigen. Zur Lösung eines zwischenmenschlichen Problems sind wir in einer solchen Situation am wenigsten fähig. Greifen wir an oder ziehen wir uns kampflos und beleidigt zurück? Oder stellen wir uns tot?

Und noch etwas passiert: Wir werden aufgeladen mit einer Spannung, mit Energie. Sie kann sich im Moment des Angriffs zu unserer Verteidigung entladen oder wir tragen sie als zähe und lähmende Last weiterhin mit uns. Nicht allen gelingt es, sie in einigermaßen konstruktive Bahnen zu lenken. Wir müssen Aufmerksamkeit und Energie aufbringen, um sie auszurichten und nutzbar zu machen oder sie unter Kontrolle zu halten. Ansonsten könnte sie sich zum Beispiel aggressiv gegenüber dem entladen, der uns verletzt hat, oder vielleicht sogar unbemerkt von uns sich gegen Unbeteiligte und Schwächere oder gegen uns selbst wenden.

Oft befindet sich die Person, die uns verletzt, selbst auch in einem Stresszustand. Dann begegnen wir uns wie einst im Neandertal, mit dem Unterschied, dass wir gewöhnlich nicht handgreiflich werden. Der Konflikt kann auch anderweitig eskalieren und ist erst dann lösbar, wenn beide ihren Stress abgebaut haben.

Unsichtbar, doch spürbar

Die Reaktion auf seelische Verwundungen verläuft ähnlich wie bei körperlichen Verletzungen. So wie bei einem aufgeschürften Knie kann es einen kleinen Moment dauern, bis die eintreffende Information als Schmerz wahrgenommen wird. Auch bei der seelischen Verletzung zieht sich die Welt des Getroffenen in diesem einen Moment so eigenartig zusammen, sie reduziert sich allein auf den verletzten Bereich und auf den Schmerz. Alles andere scheint nicht mehr zu existieren.

Sich zusammenziehen ins Innerste

Körperliche Verletzungen und Schmerz führen zu einem Zusammenziehen und Erstarren des Körpers. Wer sich verbrennt, zieht die Hand zurück. Wer in einen Dorn getreten ist, verharrt in genau dem Moment seiner Bewegung. Jeder weitere Schritt könnte den Dorn tiefer in den Fuß treiben. Durch jede ausfahrende Bewegung könnte man sich noch mehr verletzen oder den Angreifer reizen. Das geschieht spontan und blitzschnell. Ein Mensch, der sich beim Gurkenhobeln geschnitten hat, reagiert auf diese Weise ebenso wie eine Person, die sich erschreckt oder unvermutet körperlich angegriffen wird. Bei seelischen Verletzungen ist es nicht anders. Vielleicht ist es weniger deutlich, doch ein Betroffener reagiert mit demselben Zusammenziehen des Körpers.

Wenn wir in der Bedrohung reflexhaft unsere Schutzhaltung einnehmen, krümmen wir uns zusammen, wir machen unseren Rücken rund, ziehen unsere Beine an, sodass unser Bauchraum nicht getroffen werden kann, wir halten uns die Arme vor die Brust, die Hände vors Gesicht. So zusammengezogen können wir Schlägen und Misshandlungen noch am ehesten widerstehen und haben die größte Chance, zu überleben. Wir ziehen uns in uns selbst zusammen und schützen dabei den empfindlichen Bauchraum und vor allem unser Herz, unser Innerstes. Es sitzt bewehrt von den Rippen im Brustkorb und ist unser am besten geborgenes Organ und unser wichtigstes. Das Herz ist gewissermaßen unsere letzte Bastion, wenn es um unser Überleben geht.

Auch Angst, seelische Verletzung und Schmerz führen zu dieser reflexhaften energetischen und körperlich muskulären Bewegung von außen nach innen, in unser Innerstes. Dieses Zusammenziehen und Erstarren kann als schleichend oder heftig, im Extremfall als krampfend erlebt werden. Es ist auf die Dauer verbunden mit dem Empfinden von Enge. Auch dieser Rückzug aus der bedrohenden Umwelt in unser Innerstes hat ein Zentrum, das Herz. Dort landen mit der ganzen zusammenziehenden Bewegung unsere Angst und unser Schmerz, und oft bleiben sie in unserem Herzen als Anspannung und Enge auch nach der eigentlichen Verletzung noch lange erhalten.

Das Herz – Ort des seelischen Schmerzes

Im Schreck rutscht einem Menschen das Herz in die Hose. Die Enttäuschung gibt ihm einen Stich ins Herz. Das Herz kann ins Stocken geraten, es kann versteinern oder zerspringen. Es friert jemanden bis ins Herz hinein, es kann ihm das Herz zerreißen … Eine Last fällt einem Menschen vom Herzen, es wird ihm leicht ums Herz. Bei Freude geht ihm das Herz auf, es weitet sich. Er hat wieder ein offenes Herz. Das Herz kann vor Freude springen, es kann bis zum Halse pochen, aus Freude oder aus Angst. Die Erleichterung sprengt Ketten oder eiserne Bänder, die sich um die Brust gelegt hatten … Jemand hat ein Herz oder er hat keins. Jemand fasst sich ein Herz, er schreitet beherzt zur Tat …

Das Herz ist mehr als jedes andere Organ, es reagiert auf alles, was wir in uns und auch außerhalb von uns und dazwischen im Miteinander mit anderen erleben. Zu allem tritt es in Resonanz. Gewiss, Gefühlsregungen können wir im ganzen Körper als Widerspiegelung spüren, doch am intensivsten fühlen wir sie im Herzen, Glück und Freude ebenso wie Schmerz und Leid. Das Herz ist der zentrale Ort unserer Gefühle, und das nicht nur symbolisch, sondern ganz konkret und körperlich. Es geht nicht nur um das Herz als Energiezentrum nach östlicher Vorstellung, sondern ebenso um das Organ Herz nach westlichem Weltbild.

Ob wir es wollen oder nicht: Jeder seelische Schmerz, der uns trifft, führt zu dem beschriebenen Zusammenziehen und landet im Zentrum dieser unwillkürlichen Bewegung, in unserem Herzen. Der Schmerz, den wir bereit sind wahrzunehmen, ebenso wie der Schmerz, den wir nicht an uns heranlassen wollen und lieber übergehen würden. Es ist ein Irrtum, zu glauben, dass man das Herz davon frei halten kann. Offenbar ist es das Organ, das jeden Schmerz aufnimmt, ihn trägt und erträgt und wohl auch weitgehend verarbeitet. Wenn wir unserem Herzen helfen, den Schmerz und die Kontraktion aufzulösen, entlasten wir es. Es reagiert darauf mit Erleichterung, muskulär und energetisch mit einer spürbaren Entspannung und einer Weitung. Es hat den Schmerz ausgehalten, und es trägt auch den Schmerz, den wir vielleicht nicht annehmen wollen, es ist eine solche Belastung gewohnt. Haben wir also den Mut, ihm das, was sowieso schon auf ihm lastet, bewusst zuzumuten. Das ist sogar leichter für unser Herz, als wenn wir es all den Schmerz nur ansammeln lassen und es die Gefühle im Geheimen ganz allein, unbeachtet und ohne Unterstützung tragen muss.

Es ist einfach nachzuvollziehen, was einem Herzen guttut: alles, was es weitet und entspannt. Vor allem sind das Liebe und Vertrauen, Geborgenheit und Zugehörigkeit, Freude und Glück, Harmonie und Schönheit. Bedrohung, Angst, Schmerz, Druck, Ablehnung und Trennung, Sorge und Kummer hingegen belasten es. Dies ist ein weiterer Grund, sich mit seinen Verletzungen zu beschäftigen, damit wir uns wieder für die freudige Seite des Lebens öffnen können! Doch auch dann, wenn wir tief in Problemen stecken, können wir unser Herz immer wieder weiten, indem wir die Verbindung zur Freude und zur Liebe nicht verlieren, indem wir uns an gute Zeiten erinnern oder sie uns vorstellen, denn es gibt sie jetzt und jederzeit. Manchmal hilft schon ein kleiner Spaziergang, der Blick aus dem Fenster, das Foto auf dem Kalender. Konkrete Methoden, wie Sie Ihr Herz darüber hinaus unterstützen und es entspannen, finden Sie in späteren Kapiteln dieses Buches.

Schutz suchen – und was manches Kind findet

Eine blutende Wunde muss versorgt werden. Das gilt als selbstverständlich. Es wird wohl keine Mutter und keinen Vater geben, die keine Erste Hilfe leisten und eine offene Verletzung ihres Kindes nicht verbinden würden. Bei seelischen Wunden ist das komplizierter. Sie sind nicht zu sehen und bluten nicht, da ist nur das verletzte Kind, das seinen Schmerz ausdrückt. Die Eltern können bei körperlichen Verletzungen sehr wohl einschätzen, ob ärztliche Hilfe benötigt wird oder gar die Einlieferung ins Krankenhaus angebracht ist, ob das Pflaster oder nur ein »Heile, heile Segen« reicht. Bei seelischen Wunden ist das nicht so leicht, Fehleinschätzungen sind möglich.

Das Schimpfwort des Nachbarjungen hat ihn getroffen, Marcel ist empört. Tränen laufen über sein Gesicht. Die schubsenden Ärmchen der anderen Kinder machen Nadine unmissverständlich klar: Sie stört bei ihrem Spiel. Benjamin hat zum ersten Mal bei einem Spiel verloren und muss mit ansehen, dass ein anderes Kind gewonnen hat. Das kennt er noch nicht, weil seine Omi ihn stets gewinnen lässt. Er fegt die Spielfiguren vom Tisch und wirft sich vor Schmerz heulend auf den Teppich. Das kommt bei den anderen nicht gut an. Unter Tränen ruft er nach der Omi und der Mama.

Ob ein Kind von der Schaukel gefallen ist oder sich seelisch verletzt fühlt, es sucht Schutz und Rückhalt. Allein kann es noch nicht mit der Situation umgehen. Es versteht die Kollision oft nicht einmal. Ist es überhaupt in der Lage, angemessen zu reagieren, wenn es auf Konkurrenzverhalten oder auf Ablehnung stößt?

Leider finden Kinder bei seelischen Verletzungen nicht immer, was ihnen hilft und was sie bei körperlichen Verletzungen wie selbstverständlich erhalten. Manchmal greifen sie ins Leere, z. B. wenn ihre Eltern selbst nicht gelernt haben, mit ihrem seelischen Schmerz umzugehen. Im Extremfall werden sie von diesen ein weiteres Mal verletzt. Auch über die jeweilige Situation hinaus hat der Umgang der Eltern mit den seelischen Verletzungen der Kinder Auswirkungen. Die Abfolge von Verletzung, Schmerz und der Reaktion darauf prägt sich ein. Das so gelernte Verhalten wird später meist sich selbst gegenüber wiederholt, es sei denn, der Betroffene ist in der Lage, dem ein bewusst anderes Verhalten entgegenzusetzen.

Eltern – vom Schmerz des Kindes überwältigt

Gerade Eltern, die sich ein heiles Leben ohne Schmerz und Leid vorstellen, sind irritiert, wenn sie plötzlich mit dem Schmerz des eigenen Kindes konfrontiert und davon geradezu überflutet werden. Das Leid ihres Kindes geht ihnen so nahe, dass es einigen Eltern kaum möglich ist, sich davon nicht anstecken zu lassen. Sie übernehmen dann dessen Schmerz. Bei ihnen findet das Kind zwar Mitleid, aber den Rückhalt, den es eigentlich braucht, bekommt es nicht. Ihre Nähe und der Gleichklang der Gefühle bieten eine gewisse Entlastung, doch der Schmerz löst sich dadurch nicht auf. Möglicherweise neigt ein solches Kind später dazu, mit sich selbst mitzuleiden. Leid und Selbstmitleid können sich dann wie in einer Schleife gegenseitig verstärken. Menschen mit diesem Muster halten an ihrem Schmerz unnötig lange fest. Und wenn sie nie intensive Gemeinsamkeit zusammen mit Spaß und Freude erleben, besteht die Tendenz, dass sie später über Leiden und Mitleiden Beziehungen zu anderen aufbauen und vertiefen.

Ein Kind, das wiederholt einen solchen Umgang mit seinem Leid erfahren hat, kann aber selbstverständlich auch ganz anders darauf reagieren. Besonders wenn es erlebt hat, dass sein Schmerz dadurch nur größer wurde und dass es Gefahr lief, klein gehalten und vereinnahmt zu werden, kann es später darauf bedacht sein, seine Eltern mit seinem seelischen Schmerz gar nicht erst zu belästigen. Das kann erträglicher sein als neben dem Verkraften des eigenen Schmerzes auch noch bekümmerte Erwachsenen trösten zu müssen. In der Folge mutet sich ein solches Kind zu, mit seinen Schwierigkeiten ganz allein klarzukommen.

Gefühle wegtrösten

Trost besteht darin, einen Menschen spüren zu lassen, dass er in seiner Not nicht allein ist. Er erlebt, dass er beachtet und angenommen ist, auch in seinem Leid und Unglück und mit all seinen

Gefühlen. Hat er Zugehörigkeit erfahren und konnte er sich für eine Weile fallen lassen, findet er bald auch wieder Zugang zu seiner Kraft und Zuversicht, sodass er wieder auf die Füße kommt. Der Schutz der tröstenden Gemeinschaft mit anderen ermöglicht ihm, seinen Fokus für den Moment ganz auf die Verletzung und seinen Schmerz zu legen. Danach erst weitet sich sein Blick wieder und gibt die Sicht frei auf das, was es sonst noch alles gibt: auf Freude, Schönheit und zum Beispiel auf Menschen, die zu ihm stehen.

Eins ist Trost nicht: Ablenkung und Vertröstung. Einem Kind spenden Erwachsene häufig falschen Trost. Das kann dadurch geschehen, dass sie dem seelisch verletzten Kind mit allerlei Süßigkeiten den Mund stopfen, damit es vom Wahrnehmen seiner Gefühle ablässt und sie sein Weinen nicht länger mitanhören müssen. Oft lenken sie es mit Versprechungen ab, um angenehme Gefühle in ihm wachzurufen. Auch in einem solchen Fall lernt das Kind etwas: Es darf hübsche und nette Gefühle wahrnehmen und ausdrücken, die unerfreulichen oder schmerzhaften Gefühle sind zu ignorieren, und wenn das nicht gelingt, kann es sie später selbst mit Ersatz überdecken. Mit billigem Trost wird das Kind nicht nur abgespeist und allein gelassen. Es wird auch noch dazu verführt, seinen Schmerz und all die anderen sozial nicht erwünschten Gefühle – und damit im Grunde sich selbst – im Stich zu lassen. Sie zeigen sich später vielleicht nur noch in dem Bedürfnis nach konsumierbarem Ersatz.

Elterliche Einmischung und Klärungsversuche
Manche Eltern neigen dazu, sich in Angelegenheiten der Kinder untereinander einzumischen. Manchmal wird dabei ein verletztes Kind beschuldigt und bezichtigt, vielleicht zu Recht, doch in einer solchen Situation braucht auch ein kleiner Delinquent das Recht auf seinen Schmerz und seine Gefühle und vor allem auf den kör-

perlich spürbaren Rückhalt seiner Eltern. Es kann sein, dass Eltern vorschnell den Hergang des Geschehens aufklären wollen, was oftmals auf die Frage, wer denn angefangen habe, reduziert wird.

Die Gefahr seelischer Verletzungen unter Kindern ist sehr viel größer als die körperlicher. Dennoch sind bei vielen Erwachsenen körperliche Auseinandersetzungen zwischen Kindern verpönt, obwohl sie einen reinigenden Effekt haben und Stress auf beiden Seiten abbauen und Gemeinsamkeit wieder aufbauen können. Dieser Einstellung liegen oft Missverständnisse zugrunde, zum Beispiel die Gleichsetzung von Körperkraft, die bei einem Kind ohnehin sehr begrenzt ist, mit kriegerischer Gewalt. Anstatt die körperlichen Auseinandersetzungen mit Regeln in faire Bahnen zu lenken (nur unter Gleichaltrigen, vorher ist ein Kampfrichter zu bestimmen etc.), werten Erwachsene sie oft ab oder verbieten sie ganz. Dass sich die angestaute Spannung dann einen anderen Weg bahnt, der oft feiger und viel verletzender ist, wird dabei übersehen. Im Übrigen ist ein Kratzer oder eine Beule schnell verheilt und hinterlässt wohl nur in äußerst seltenen Fällen eine bleibende Narbe. Seelische Verletzungen – auch unter Kindern – können jedoch sehr lange nachwirken.

Kopf gegen Herz

Eigentlich wäre alles so einfach: Das Kind empfindet seinen Schmerz, es darf dieses Gefühl haben, und es wird in seinem Leiden so angenommen, wie es ist. Die Eltern halten das aus, sie fühlen mit dem Kind mit, doch sie leiden nicht mit ihm. Sie nehmen das Kind wahr und bleiben ruhig, sodass es Rückhalt findet in ihnen und durch sein Leid hindurchgehen darf. Dieser Vorgang kann allerdings dadurch gestört werden, dass ein Erwachsener seine eigenen Gefühle ablehnt und sie unterdrückt. In der Folge können Gefühle ihm generell Angst machen. In dem Fall ist er kaum in der Lage, die starken Gefühle, die vom Kind auf ihn einstürmen, auf einmal zu ertragen. Solche Eltern übertönen das Weinen und Klagen ihres Kindes häufig mit einem Schwall von Worten. In der Situation, in der sich das Kind befindet, machen sie aber keinen Sinn, denn es ist gar nicht aufnahmefähig dafür. Ist es an sich schon beansprucht von seiner Situation, wird es von dieser Art von Zuspruch völlig überfordert. Reden ohne Bedeutung wäre allein schon unangebracht, doch diese Worte wirken wie ein zusätzlicher Angriff. Mit allen Mitteln der Logik und der Vernunft bekämpft das Rationale in den Erwachsenen die Gefühle des Kindes. Das Kind ist in seiner Seele getroffen worden und befindet sich in der Defensive – und jetzt werden seine Gefühle auch noch bekämpft! Theorien werden verbreitet, wie es so weit kommen konnte, ob sie nun passen oder nicht, denn meist waren die Eltern bei dem, was geschah, nicht dabei. Häufig werden dabei auch Belehrungen und Ermahnungen erteilt. Sie helfen jedoch ebenso wenig wie alles andere eindringliche Reden. Das Kind lernt nicht die von den Eltern beabsichtigte Lektion, sondern dass es in einer misslichen Lage mit zusätzlichen Angriffen ausgerechnet von denen rechnen muss, auf die es sich so gern verlassen hätte.

Eine Mauer aus Verständnis

Wer den Schmerz eines andern nicht an sich herankommen lassen möchte, kann sich auch hinter seinem Verstehen verschanzen. Es ist allerdings ein Verständnis, das nicht wahrnimmt, sondern sich im Interpretieren und Deuten, im Darlegen von Theorien erschöpft. Verstehen ist etwas Zweischneidiges: Jeder möchte verstanden werden. Wird das Verständnis jedoch rein verbal geäußert, zeigt sich oftmals, wie leicht die Sichtweise und die Worte danebentreffen können. Wer so missverstanden wird, erlebt diese Art von Verständnis gewöhnlich als weitere Verletzung, ausgerechnet von denen, die einem nahestehen.

Astrid: »*Am schlimmsten war es, wenn meine Mutter mich in meinem Problem angeblich verstand. Dann psychologisierte sie in die Situation, in mich und in die anderen Beteiligten hinein, was sie sich aus ihren Büchern angelesen hatte, und versuchte damit zu glänzen. Natürlich wusste sie alles und auch wie es weitergehen würde. Da sie gelesen hatte, dass Ratschläge Schläge seien, redete sie sehr lange auf mich ein, um mich selbst darauf zu bringen, was ich aus ihrer Sicht erkennen müsste. Ich konnte es irgendwann nicht mehr ertragen, wenn sie mich bis in meine Gefühle hinein so bevormunden wollte. Dass sie mir auf die Nerven ging, hat sie jedoch nie verstanden. Sie wunderte sich nur, dass ich ihr ab einem gewissen Alter nichts mehr erzählte. Doch selbst das, was sie aus meinem Gesicht herauslas, war immer noch zu viel. Ihre Deutungen und Interpretationen gingen in ihren Gedanken weiter, auch wenn sie kein Gehör mehr dafür fand. So hatte ich als Teenager eine einsame Zeit und verbarg mich hinter einem aufgesetzten Lächeln!*«

Verletzungen in Abrede stellen

Oft wird über den seelischen Schmerz eines Kindes hinweggegangen: »Ach, das ist doch nicht so schlimm!«, »Hab dich nicht so!« oder »Das hat er bestimmt nicht so gemeint!« Gewiss, in den Augen eines Erwachsenen, der im Übrigen ja auch gar nicht getroffen wurde, ist die Verletzung des Kindes unerheblich. Er hat im Laufe seines Lebens meist sehr viel mehr und heftigere Verletzungen erleiden müssen. Doch für ein Kind, das erst lernen muss, damit umzugehen, ist der Schmerz ein überaus vehementer und störender Reiz, der sich ihm stärker aufdrängt als die meisten erfreulichen. Und ausgerechnet diese Wahrnehmung soll es übergehen? Auch hat es meist noch nicht erkannt, dass der Spielkamerad, der ihm so wehgetan hat, auch noch lernen muss, wie sehr er andere verletzen kann, und wie schön es ist, sich am nächsten Tag zu vertragen und wieder miteinander zu spielen.

Wenn über den Schmerz hinweggegangen wird, werden meist auch andere Gefühle abgewertet und vom Tisch gewischt. Sie gelten nicht nur nichts, sie stören. Doch der nicht wahrgenommene Schmerz kann sich nicht auflösen.

Doppelt verletzt – durch Bestrafung

Das gibt es auch und leider gar nicht so selten: Der seelisch Verletzte erhält nicht nur keinen Rückhalt und wird mit seinem Schmerz allein gelassen, er wird obendrein zum Schuldigen erklärt und sogar noch bestraft, weil er sich bemerkbar gemacht hat: Elisabeth war von den Jungen ihrer Klasse übel mitgespielt worden. Als sie sich dagegen wehrte und bei ihrer Mutter lauthals beklagte, wurde sie als kleinliche Zicke bezeichnet.

Wolfgang fühlte sich von einer Lehrerin ungerecht behandelt. Als er das seinen Eltern berichtete, stellten die sich, ohne ihn auch nur weiter anzuhören, auf die Seite der Lehrerin und bestraften ihren Sohn.

Auf solche Schuldzuweisungen reagiert ein Kind möglicherweise mit Trotz. Es kann allerdings auch diesen Umgang mit sich selbst übernehmen: Marion fühlt sich gegenüber ihren Arbeitskollegen zurückgesetzt. Auf mich wirkt sie widersprüchlich. Ihre Stimme klingt verletzt und traurig, ihre sprachliche Ausdrucksweise ist jedoch forsch und nüchtern. Ich bitte sie, sich in eine Situation hineinzuversetzen, in der die Gefühle, in die zweite Reihe geschoben zu werden, aktiv sind. Als sie sich selbst darin aus einer distanzierten Position heraus wahrnimmt, spricht sie hart und vorwurfsvoll zu sich. Sie zeigt nicht nur kein Mitgefühl, sondern meint zusammenfassend, dass ihr ganz recht geschehe! Doch mit ihrem rüden Umgang verletzt sie sich ständig selbst und versetzt sich zugleich in einen Zustand der Traurigkeit, dem sie dann wiederum mit Härte und Forschheit begegnet. Sie befindet sich in einer Mühle immer neuer seelischer Verletzungen, die sie sich selbst zufügt. Ihr wird bewusst, dass sie den Umgang ihrer Mutter mit ihr wiederholt. »Pass doch auf!«, »Recht geschieht es dir!« und: »Wer nicht hören will, muss fühlen!« Aussprüche wie diese, von einem kalten und strafenden Gesichtsausdruck begleitet, waren in Marions Kindheit an der Tagesordnung gewesen.

Von den Eltern seelisch verletzt

Was ist, wenn es die Eltern waren, die das Kind seelisch verletzt haben? Das geht schnell und kommt häufig vor: Angefangen bei kleinen Missverständnissen, verbunden mit Unterstellungen, mit zu geringer Zuwendung oder einem Zuviel an Gängelung und Einmischung, Rangeleien um Freiräume und Grenzen, das Übergehen von Bedürfnissen und Wünschen, das Unterfordern oder Überfordern. Es gibt ein gewisses Polster, einen Toleranzbereich, den ein Kind aus Liebe seinen Eltern gern zugesteht, ebenso wie die Eltern ihm so vieles nachsehen. Es ist sogar wichtig, zu erfahren, dass auch Eltern so wie andere Erwachsene nicht perfekt sind und hinter ihren eigenen Ansprüchen und den Forderungen der Kinder zurückstehen und sie nicht immer erfüllen können. Es sind Versagen, Fehler und Konflikte, die uns menschlich machen und an denen Kinder ebenso wachsen können wie an der Notwendigkeit, Nachsicht füreinander und auch für sich selbst aufzubringen. Ohne diese vielen kleinen Kollisionen und Verletzungen könnte das Kind sich wohl auch gar nicht als eigenes Wesen spüren und ein eigenes Ich entwickeln.

Eltern geben stets weiter, was sie selbst erlitten und noch nicht aufgearbeitet und gelöst haben. Wenn Eltern in der Entwicklung stecken geblieben sind, neigen sie oft auch dazu, in übertriebener Weise das Gegenteil von dem weiterzugeben, was sie selbst erlebt oder gar erlitten haben, nach dem Muster: »Um mich hat sich damals niemand gekümmert, deswegen kümmere ich mich heute umso mehr um mein Kind.«

　　　　　　　　　Der Moment der Verletzung

Es geht hier nicht um die vielen kleinen Verletzungen, die uns unsere Grenzen zeigen und durch die wir uns als von anderen getrennte Person erleben lernen. Es geht um gravierende Verletzungen des Kindes durch seine Eltern, wie emotionale Ausbrüche und körperliche Gewalt, die sich kaum gesteuert über dem Kind entladen.

Solche Verletzungen stürzen Kinder in ein Dilemma. Bei wem erhalten sie Schutz, wenn nicht bei den Eltern? Wer sonst hält sie im Arm und trocknet ihre Tränen? Es ist zutiefst verwirrend. Eben noch war diese Person voller Liebe und nun ist in ihren Augen Zorn und vielleicht sogar Hass zu sehen. Kinder kennen meist keinen anderen Ausweg als den, sich dennoch in die Arme der Person fallen zu lassen, die sie soeben noch verletzt hat. Es entsteht ein innerseelischer Konflikt zwischen unterschiedlichen Verarbeitungsmustern. Auf der einen Seite spürt das Kind den Schmerz und nimmt sich als Opfer wahr. Auf der anderen Seite hat es von diesem Elternteil gelernt, es orientiert sich an ihm, es vollzieht gewöhnlich nach, wie er denkt, was er erwartet und wie er reagiert, es hat diese Abläufe in sich nachgebildet. Hinzu kommt, dass der Erwachsene stark ist und es selbst schwach. Überleben kann es nicht allein, nur unter dessen Schutz.

Gewöhnlich wird das kleine Kind diesem Dilemma zu entkommen versuchen, indem es sich in den Erwachsenen hineinversetzt. Dann kann es für rechtens halten, was ihm geschehen ist: Es gibt sich selbst die Schuld. So auch oft bei sexuellen Übergriffen, nach denen sich das Kind häufig fühlt, als sei es selbst der Schuldige.

In der Menschheitsgeschichte hat es unvorstellbar viel Gewalt, Grausamkeit und Unterdrückung gegeben. Ohne das Verarbeitungsmuster der Identifikation mit dem Täter hätten die Menschen bei all dem Leid, das sie ertragen mussten, wohl kaum überleben können. Gewissermaßen haben sie damit den Konflikt, in dem sie als Opfer standen, sich nämlich wehren zu wollen, es aber nicht zu können, auf diese Art und Weise aufgelöst. Dann ist der ausgebeutete Bauer stolz darauf, dass er Leibeigener nicht irgendeines Herrn, sondern des mächtigsten Adligen im ganzen Land ist; der Sklave, dass er zum Aufseher über seine Schicksalsgenossen aufgestiegen ist. Bekannt sind auch die Fälle der Opfer von Entführungen, die sich am Ende aus freien Stücken der Bande ihrer Entführer angeschlossen haben.

Bei Verletzungen durch die Eltern kommt es also zu einem inneren Konflikt im Kind: Auf der einen Seite ist es das misshandelte Opfer, auf der anderen Seite hat es auch den misshandelnden Elternteil verinnerlicht. Das Kind ist dann beides, Opfer und Täter. Die beiden Teile bekämpfen sich, und ihr Konflikt kann auch im späteren Leben durch seelische Verletzungen immer wieder belebt werden.

Unser Grundmuster im Umgang
mit Schmerz

So wie mit unserem Schmerz umgegangen wurde, so gehen wir später oft selbst mit unseren seelischen Verletzungen um. Wir haben von den Eltern, anderen Erwachsenen oder den Kindern in unserer Umgebung gelernt. Wir können dieses Muster +1:+1 übernehmen, also direkt. Manch einer übernimmt auch das Gegenteil davon. Er übernimmt das Muster gewissermaßen mit umgekehrtem Vorzeichen, also +1:-1. Das sieht dann so aus: Wer als Kind allzu heftigem elterlichem Mitleid ausgesetzt war, neigt später dazu, seinen Schmerz eher zu übergehen. Doch auch dieses Muster ist letzten Endes weitgehend fremdbestimmt und noch nicht das eigene. Bei genauer Betrachtung gibt es in dem Menschen dann zwei Reaktionsweisen, die miteinander im Konflikt liegen. Das alte und das darauf gesetzte neue Verhalten. Sie bekämpfen sich. In einem Moment der Schwäche erweist sich gewöhnlich das alte Muster als das stärkere, es übernimmt dann wieder die Regie.

Nicht jedem ist es möglich, sich davon frei zu machen und einen eigenen Umgang mit seelischem Schmerz zu entwickeln. Von dieser Art des Umgangs allerdings hängt wiederum ab, wie er auf die seelischen Verletzungen seiner Kinder reagiert. Ungewollt geben Eltern ihre eigene Last an ihre Kinder weiter. Die Reaktion auf seelische Verletzungen bei Freunden, Bekannten und anderen Menschen, die ihnen nicht ganz so nahe stehen, ist hingegen meist besser durchdacht.

Zu welchen Reaktionen neigen Sie bei seelischen Verletzungen?
- Ich wehre mich. Ich versuche, den Angriff auf mich sofort zu parieren.
- Ich zeige meine verletzten Gefühle unverstellt und offen.
- Auch wenn ich nicht immer direkt darauf eingehe, bin ich lebhaft, muss mich bewegen, kann kaum still sitzen. Es gelingt mir kaum, meine Gefühle im Zaum zu halten.
- Ich weiche zurück, ergreife eher die Flucht. Fühle mich klein.
- Ich fühle mich wie betäubt und merke es meist erst sehr viel später.
- Ich suche Verständnis bei anderen und Verbündete. Ich teile mich ihnen so rasch wie möglich mit.
- Ich ziehe mich allein zurück und »lecke meine Wunden«.
- Ich neige dazu, mich selbst zu bemitleiden.
- Ich tröste mich mit Süßigkeiten, mit Nahrung, mit Alkohol oder anderem.
- Ich mache mir in einer solchen Situation manchmal Vorwürfe und beschuldige mich selbst. Entweder war ich zum Beispiel nicht gut genug, sodass ich anderen einen Grund

gab, mich anzugreifen, oder ich war nicht mutig und wehrhaft genug und habe nicht gut pariert.

- Ich analysiere und deute, wie es dazu kommen konnte und was in der anderen Person wohl vorgegangen sein mag.
- Ich versuche den Angreifer zu verstehen.
- Ich bemühe mich, der Person, die mich verletzt hat, sofort zu verzeihen.
- Ich suche das Gespräch mit dem Angreifer.
- Ich sage mir, dass es doch gar nicht so schlimm ist.
- Ich versuche, mir klarzumachen, dass der ganze Vorgang nicht so wichtig war.
- Ich sage mir, dass mir ganz recht geschieht. Ich hätte ja besser aufpassen können.
- Ich reiße mich zusammen, mache gute Miene zum bösen Spiel, gehe äußerlich darüber hinweg.
- Ich bin nachtragend, sinne auf Revanche oder Rache.
- Ich breche sofort den Kontakt ab.
- Ich gehe in Zukunft vorsichtiger mit der Person um, wahre mehr Abstand zu ihr.
- Ich nehme den seelischen Schmerz in mir wahr, aber zeige ihn nicht jedem und vor allem nicht der Person, die mich verletzt hat.

Es lohnt sich, nach der Lektüre des Buches auf diese Liste zurückzukommen: Was hat sich bereits verändert? Und wie könnten Sie konstruktiver mit Ihren Verletzungen umgehen?

Vorsicht, Leidensgefahr!
So nutzen Sie die Methoden, ohne sich zu schaden

Nachdem wir uns einige Hintergründe und Auswirkungen seelischer Verletzungen angeschaut haben, wird es nun stärker praktisch. Ich möchte Ihnen wirkungsvolle Methoden an die Hand geben, mit denen Sie zukünftig angemessen auf seelischen Schmerz reagieren und ihn auflösen können. Dazu zunächst ein paar kurze Vorbemerkungen.

Das Thema des Buches und die Inhalte jedes einzelnen Kapitels sind eine Herausforderung. Wenn Sie sich der Lektüre stellen, brauchen Sie Mut, denn Sie begegnen Ihrem seelischen Schmerz. Dafür benötigen Sie Besonnenheit und Umsicht ebenso wie Selbstverantwortung. Wenn Sie sich an folgende Grundregeln halten, verstricken Sie sich nicht unnötig in Ihr Leid:

Sie entscheiden, wie weit Sie sich in die Methoden vertiefen: Sie können das Buch als Lektüre betrachten oder als ein vollständiges Seminar, in dem Sie sich verantwortungsvoll auf die Experimente einlassen und die Techniken ausprobieren.

So experimentieren Sie mit Erfolg: Unbedingt abzuraten ist davon, die Methoden und Experimente nur in der Vorstellung auszuprobieren. Wer sich die Anwendung nur vorstellt, erhält auch nur die Bestätigung dessen, was er erwartet hat. Neue Erfahrungen machen Sie nur, wenn Sie tatsächlich aufstehen, die unterschiedlichen Positionen einnehmen, sich einlassen und offen sind für die überraschenden Wirkungen, die Ihnen die Methoden und Experimente bieten.

Halten Sie sich bitte ganz genau an die Beschreibung der vorgestellten Methoden: Kleine Abwandlungen und Nachlässigkeiten können bereits zu ganz anderen Ergebnissen führen und unnötiges Leid verursachen. Die Arbeit mit diesen Techniken verlangt tatsächlich Präzision.

Wahrnehmen ohne Erwartung und ohne Druck: Wenn im Text vom Wahrnehmen oder Betrachten einer Situation oder einer Seite in Ihnen die Rede ist, müssen Sie nicht unbedingt etwas sehen. Es geht darum, damit in Kontakt zu treten. Das ist auch ohne Bilder möglich und gelingt dadurch, dass Sie ohne bestimmte Absicht Ihre Aufmerksamkeit auf das richten, um das es gerade geht.

Grundsätzlich klein anfangen: Beim Experimentieren mit den vorgestellten Methoden fangen Sie bitte grundsätzlich bei ganz kleinen Verletzungen an. Wer Skilaufen lernt, probiert auch nicht gleich die riskante Abfahrt. Wenn Sie sich das immer wieder bewusst machen, vermeiden Sie auch unnötiges Leiden und zusätzliche Probleme. Außerdem geben Ihnen kleine Erfolgserlebnisse den nötigen Schwung, sich mit der Zeit auch an schwierigere Situationen heranzuwagen.

Dosieren Sie das Experimentieren, damit die Methoden tatsächlich ihre Wirkung entfalten können. Machen Sie also nicht alles auf einmal und gönnen Sie sich Pausen zwischen den Experimenten. Lassen Sie sich die Zeit dafür, die Sie brauchen.

Respektieren Sie Ihre Grenzen: Wenn die Beschäftigung zu intensiv werden sollte, lesen Sie nicht alles auf einmal, sondern kommen Sie später darauf zurück.

Geschickte Unterbrechungen: Wenn Sie an Ihre Grenzen stoßen und Ihnen das Lesen zu viel wird, unterbrechen Sie die Lektüre für eine heilsame Herzübung, die »Herzgymnastik«, oder gehen Sie an die »Platonische Tankstelle«, um den verletzten Wert in sich aufzunehmen. Dabei dürfen Sie im Text vorgreifen. Diese Methoden sind immer hilfreich.

Für Ausgleich sorgen: Pflegen Sie in der Zeit, in der Sie sich mit seelischen Verletzungen beschäftigen, bewusst Dinge, die Ihnen Freude machen.

Es geht um alltägliche Verletzungen: Dieses Buch handelt vom Umgang mit alltäglichen Verletzungen, wie sie jeden treffen. Es ist ausdrücklich kein Buch zu Traumatisierungen.

Wenn Selbsthilfe nicht reicht: Wenn Sie während der Lektüre entdecken sollten, dass Ihnen Selbsthilfe allein nicht ausreicht, um Ihre seelischen Verstrickungen aufzulösen, zögern Sie nicht, sich therapeutische Hilfe zu holen.

Erste Hilfe für sich selbst –
an Ort und Stelle und sofort!

Manche seelischen Verletzungen kommen langsam und schleichend daher, legen sich unmerklich wie ein Schatten über unser Leben und verdunkeln es so. Andere treten ganz plötzlich und überraschend auf, wie ein Blitz aus heiterem Himmel. Einige haben sich mit dunklen Wolken angekündigt und entladen sich nun. Es gibt seelische Verletzungen, die sich uns in den Weg stellen, dumpf wie ein Block, andere treffen uns spitz und stechend. Manchmal ist ein Urheber nicht genau zu erkennen, bei anderen tritt er deutlich und offensiv vor uns. Sind Verletzungen mit Konflikten und Angriffen verbunden, lösen sie Stress in uns aus wie bei einem Streit und anderen Herausforderungen auch. Wir reagieren entsprechend. Entweder ergreifen wir die Flucht und ziehen uns spontan zurück oder wir möchten unsere Stacheln ausfahren, uns behaupten und zurückstechen oder zumindest etwas erwidern. Vielleicht spüren wir auch eine Art Lähmung und sind nicht in der Lage, passende und obendrein auch noch intelligente Worte zu finden.

Nicht jeder hat in einer solchen Situation immer gleich die Möglichkeit, sich ausführlich mit dem Vorfall zu befassen und sich seiner Verletzung zu widmen. Doch auch wenn kaum Zeit ist, muss die »Wunde« versorgt werden. Vielleicht wartet der nächste Kunde schon auf uns, müssen wir uns beeilen, weil wir nicht zu spät in ein Meeting kommen möchten, stehen weitere Termine an, muss das Tagespensum geschafft werden. Das Leben geht weiter. Nicht nur der Verletzte ist eingespannt, oft haben auch Nahestehende und Freunde, bei denen er Rückhalt finden könnte, keine Zeit. Das Wichtigste in einer solchen Situation ist es, uns selbst Erste Hilfe zu leisten, damit wir weniger leiden, damit es nicht zu weiteren Verletzungen kommt und damit wir uns auf die anstehenden Aufgaben konzentrieren können. Für die folgenden Methoden brauchen Sie kaum Zeit und auch keinen Rückzug.

Die Fakten nicht vom Tisch wischen

Nehmen wir an, wir haben tatsächlich registriert, dass wir verletzt wurden – oftmals bemerken wir eine Verletzung nämlich erst sehr viel später. Der erste Schritt als Betroffener besteht darin, wirklich wahrzunehmen, verletzt worden zu sein. Es ist wichtig, dass wir uns das eingestehen und unseren Schmerz nicht einfach übergehen, wie wir es vielleicht früher erfahren oder mit uns gemacht haben. Dies gilt auch, wenn wir uns ihm gerade jetzt in diesem Moment nicht ausführlich widmen können. Oft wollen wir es nicht wahrhaben, wenn so etwas passiert. So gern würden wir es ungeschehen machen. Dennoch: Registrieren wir es und versprechen wir uns, dass wir später in Ruhe darauf zurückkommen werden.

Und noch etwas: Es ist wichtig, ein solches Versprechen sich selbst gegenüber tatsächlich ernst zu nehmen. Die Folge könnte sonst sein, dass wir uns selbst enttäuschen und damit eine entsprechende innere Stimmung und innere Konflikte erzeugen, denn jede Enttäuschung ist auch nur wieder eine Verletzung.

Nicht nicht reagieren!
Eine einfache Formel für alle Fälle

Wer im Moment des Schmerzes vorschnell reagiert, der bewirkt oft noch mehr Verletzungen, zunächst beim anderen und in der Folge dann auch bei sich. Jede voreilige und unangemessene Reaktion führt zu einer Eskalation. Wenn wir plötzlich seelisch verletzt werden und fassungslos sind, befinden wir uns im Stress. In diesem Zustand fehlt uns jede Differenzierung, wir haben unsere Kreativität ebenso verloren wie unseren Humor. Darum ist es wichtig, möglichst nicht so zu reagieren, wie die Natur es uns mit der Stressreaktion vorgegeben hat. Sie mag für das Überleben im Neandertal angemessen gewesen sein, in dieser heutigen Situation ist sie eher hinderlich. Jede spontane Reaktion im ersten Moment einer seelischen Verletzung kann alles nur verschlimmern.

Auch wenn eine Antwort aus dem Stresszustand heraus schaden kann, sollten Sie eine Verletzung nicht ohne Reaktion hinnehmen. Es ist wichtig, seine Präsenz zu zeigen. Nichts zu erwidern kann sich nur jemand aus einer eindeutig starken Position heraus erlauben, dann unterstreicht ein demonstratives Übergehen der Verletzung sogar seine offensichtliche Überlegenheit. Wenn wir jedoch nicht über eine Verletzung erhaben sind und sie uns getroffen hat, kann das Ausbleiben einer Reaktion als Zustimmung und Einverständnis oder als Zeichen der Schwäche missverstanden werden. Wer nur einsteckt, könnte zum Nachsetzen reizen und zu noch mehr Angriffen und Verletzungen einladen. Deshalb ist es hilfreich, eine Formel parat zu haben, die quasi automatisch ohne besonderes Nachdenken angewendet werden kann. Sie passt bei jeder Gelegenheit, signalisiert Aufmerksamkeit und Abwehrbereitschaft, ohne dass sie vom Gegenüber als aggressiv empfunden wird und damit die Situation noch zusätzlich anheizt.

Sehr gut eignet sich die Formulierung »Wie meinen Sie das?« Mit dieser Frage machen Sie nichts falsch, da Sie nichts preisgibt und alles offen lässt. Mit scheinbar überlegener Geistesgegenwart setzen Sie die Person, die Sie verletzt hat, unter einen gewissen Zugzwang. Hinzu kommt, dass Sie auf diese Weise erst einmal wertvolle Zeit gewinnen. Denn ein klein wenig Zeit brauchen Sie, um zum Beispiel den Stress etwas abzubauen, Abstand zu gewinnen und so die Situation mit weniger Emotionalität zu betrachten, sie überhaupt zu verstehen und über mögliche Reaktionen nachzudenken.

»Wie meinen Sie das?« Den Satz sollten Sie immer in petto haben. Sie können das üben, damit Sie das nächste Mal nicht sprachlos bleiben oder ungeschickt reagieren. Zum Beispiel können Sie es ab und zu vor Ihrem Fernseher sagen, während der Nachrichten oder einer Talkshow, immer dann, wenn Ihnen etwas nicht gefällt. Wenn Sie allein sind, sollten Sie es sogar hörbar aussprechen.

Die Möglichkeit, etwas tun zu können, ohne dabei Gefahr zu laufen, sich zu schaden, bringt eine gewisse Entlastung. Sie fühlen sich weniger hilflos gegenüber der anderen Person. Sie parieren. Jetzt ist der andere am Zuge, er gerät meist in die Defensive, denn nun ist er damit beschäftigt, sich eine Erklärung zurechtzulegen. Zum Beispiel, ob er tatsächlich ernsthaft gemeint hat, was Sie verstanden haben. Vielleicht macht er auch einen Rückzieher und entschuldigt sich, weil er auf Ihre Präsenz gestoßen ist. Vielleicht war alles auch nur ein Missverständnis, das durch Ihre Frage ohne Verzögerung aufgeklärt werden kann. Oder er hatte es humorvoll gemeint.

Und noch eine weitere Folge: Sie grübeln weniger lange über das Vorgefallene nach und tragen dementsprechend kürzer an der Verletzung. Sie können sich schneller und mit Erleichterung anderen Dingen zuwenden. Das bedeutet einen Zugewinn an Lebensqualität, der sich auch in Zeiteinheiten berechnen lässt. Alles mit einer einfachen Formel!

Abstand gewinnen

Es ist gut, sich bei einer seelischen Verletzung einzugestehen, dass Fakt ist, was stattgefunden hat. Doch was hat tatsächlich stattgefunden? Tatsache ist, dass der Verletzte sich entsprechend fühlt und getroffen reagiert. Leicht kann er in eine solche brenzlige Situation auch etwas »hineinsehen«, was aktuell gar nicht passiert ist. In Verletzungen mischt sich häufig der alte Schmerz von früheren Erfahrungen und Erinnerungen. Dann kann es passieren, dass unsere Wahrnehmung die heutige Situation der damaligen angleicht. Fehlendes wird ergänzt, Abweichendes weggelassen. Daher sind folgende Fragen wichtig: Was hat der andere tatsächlich gesagt? Was hat er mit seiner Gestik, Mimik, Haltung ausgedrückt? Was ist von ihm ausgegangen und was ist beim Verletzten gelandet? Wie versteht er es? Und wie reagiert er wiederum auf das, was er verstanden hat? Um sich in seinem Verstehen nicht allzu weit von dem zu entfernen, was stattgefunden hat, ist es wichtig, Distanz zum Vorgefallenen herzustellen und so den Schaden durch die Verletzung zu begrenzen.

Durchs Fernrohr blicken – aber anders

- Stellen Sie sich vor, Sie tragen ein Fernrohr mit sich. Blicken Sie wie gewohnt hindurch, dann holt die Optik alles nah an Sie heran. Wenn Sie Abstand brauchen, machen Sie es andersherum und schauen einmal von der anderen Seite hindurch. Dann rückt alles weiter in die Ferne. Zugleich weitet sich der Bildausschnitt, der sich bei einer Verletzung gewöhnlich zusammenzieht. Auf diese Weise nehmen Sie also wieder mehr wahr als nur Ihren Schmerz, Ihre Verletzung und die Person, die Sie verletzt hat.

Übrigens ist es nicht die Absicht, das Vorgefallene zu verharmlosen oder zu verkleinern, sondern mehr inneren Abstand zu gewinnen, um klarer zu erkennen, was Fakt ist, sodass Sie bewusster und klüger mit der Situation umgehen können. Es geht auch darum, sich die Unterschiede der aktuellen Verletzung im Vergleich zu früheren zumindest kurz bewusst zu machen.

Die folgende kleine Methode eignet sich für alle Situationen, in denen Sie bemerken, dass sich Ihre Gedanken ständig im Kreise drehen oder blockiert sind. Bei einer seelischen Verletzung ist das meist gegeben. Zugleich können Sie auf diese Weise auch einmal kurz aus dem Schmerz aussteigen.

Kurz zur Seite treten

– Angenommen, Sie haben gerade eine seelische Verletzung erlebt und sitzen nicht, sondern stehen. Dann treten Sie doch einfach aus Ihrer derzeitigen Position heraus zur Seite. Stellen Sie sich also einen Schritt daneben. Ich habe herausgefunden, dass es bei den meisten Menschen deutlicher wirkt, wenn sie nach links aus ihrer Position heraustreten, kenne jedoch noch keinen Grund dafür.

– Probieren Sie es doch einfach einmal aus: Vielleicht grübeln Sie gerade über die mögliche Ursache des Angriffs nach, dann treten Sie aus diesem Zustand des Denkens bewusst einen Schritt nach links hinaus. Ist der Kopf jetzt wieder ein wenig freier geworden für neue Gedanken?

Die Methode eignet sich auch generell dafür, bewusster mit dem Denken, den Gefühlen und der körperlichen Befindlichkeit umzugehen. Wenn Sie den Schritt mit der Absicht machen, auszusteigen, wirkt er noch intensiver. Und wenn Sie es mehrfach im Stehen ausprobiert haben, gelingt es Ihnen bald auch im Sitzen. Aus dem Schritt zur Seite ist dann eine für andere unmerkliche Verschiebung um wenige Zentimeter geworden, ganz gleich ob sie nun im Stehen oder Sitzen geschieht.

Durch ein Fenster blicken

- Stellen Sie sich vor, dass Sie für einen Moment den Raum verlassen (am besten nachdem Sie Ihre Frage »Wie meinen Sie das?« ausgesprochen haben): Treten Sie in Gedanken auf den Balkon oder auf die Terrasse hinaus und blicken Sie von dort aus auf die Szene, zu der auch Sie gehören. Sie betrachten sich gewissermaßen von außen.
- Falls sich die Szene draußen abspielt, machen Sie es genau umgekehrt: Versetzen Sie sich in ein imaginäres Haus und schauen Sie von dort aus dem Fenster.
- Wenn Sie mögen, stellen Sie sich zum Beispiel eine Katze auf dem Fensterbrett vor. Es beruhigt außerordentlich und baut auch messbar Stress ab, in einer solchen Situation die Nähe eines geliebten Menschen zu spüren, eine Katze zu streicheln oder einen Hund bei sich zu haben. Sie überwinden damit übrigens auch das bei Verletzten verbreitete Gefühl, allen Widrigkeiten der Welt ganz allein ausgesetzt zu sein.
- Wenn Sie zurück in der Situation sind, sitzt in Ihrer Vorstellung vielleicht der Hund zu Ihren Füßen oder die Katze auf Ihrem Schoß.

Eine Folge von Stress besteht darin, dass die beiden Hirnhälften nicht mehr wie sonst zusammenarbeiten. Dank dem Überlebensnotprogramm fällt uns dann auch nicht ein, was wir doch eigentlich alles wissen. Wir können zum Beispiel einem Bild nicht den dazugehörenden Begriff oder Namen zuordnen und umgekehrt. Der Prüfling kann sich in seinem Stress visuell ganz genau an die Seite erinnern, auf der das Gelernte steht, doch sprachlich findet er zum Inhalt vielleicht keinen Zugang und ist nicht in der Lage, sein Wissen zu vermitteln.

Die Kinesiologie bietet leicht nachvollziehbare Methoden an, wie diese Trennung im Gehirn zum Beispiel durch Überkreuzbewegungen schnell wieder aufgelöst werden kann.

Stressabbau: Eine liegende Acht in den Raum stellen

- Wenn Sie eine liegende Acht zeichnen – das Zeichen für Unendlichkeit –, dann müssen sich beide Hirnhälften rasch wieder verbinden, um diese Leistung vollbringen zu können. Sie können auf einem Blatt Papier einmal das Experiment machen und liegende Achten zeichnen. Beim nächsten kleinen Stress können Sie es dann in der Praxis erproben.

- Zur Abgrenzung gegenüber einer Person, die Sie verletzt hat, zeichnen Sie die liegende Acht auf eine imaginäre senkrechte Fläche im Raum, zum Beispiel auf eine vorgestellte Glasscheibe, die Sie zwischen sich und die betreffende Person stellen. Beim Zeichnen beginnen Sie möglichst in der Mitte und führen zunächst die Rundung nach links oben aus. Die liegende Acht steht in Ihrer Vorstellung wie ein Zaun im Raum, über den Kommunikation jedoch weiterhin möglich ist.

Übrigens schlagen Sie auch mit dieser Methode gleich mehrere Fliegen mit einer Klappe: Während Sie sonst vielleicht hilflos wären, können Sie nun etwas unternehmen, ohne dabei Gefahr zu laufen, einen Fehler zu begehen. Dadurch fühlen Sie sich weniger schwach. Sie reduzieren Ihren Stress (und vielleicht indirekt auch den der anderen Person). Sie treten aus der Situation heraus, schaffen Abstand und grenzen sich ab. Darüber hinaus ist die liegende Acht ein Zeichen für Harmonie und symbolisiert fließende Energie. Probieren Sie aus, was für Sie zutrifft.

Sich selbst körperliche Nähe geben

Ein verletztes Kind macht auf sich aufmerksam und sucht körperlich Nähe zu seinen Eltern. Für Erwachsene wäre es verfehlt, bei einer seelischen Verletzung laut nach Mama oder Papa zu rufen. Dennoch würden sie mit Erleichterung und Entspannung reagieren, wenn es möglich wäre, in einer solchen Situation die körperliche Nähe einer vertrauten Person zu spüren und sich im Schmerz fallen lassen zu können, wie sie es damals als Kind durften. Der Arm der Mutter oder des Vaters auf der Schulter, der stille Händedruck des Freundes, sie beruhigen uns und geben uns ein Gefühl von Geborgenheit, die Kraft zu widerstehen, die Gewissheit, Angriffen nicht schutzlos ausgeliefert zu sein. Doch nicht alle Menschen haben solche Bezugspersonen und selbst wenn, so sind sie nicht immer präsent. Der Einzige, der stets anwesend ist und auf den Sie sich verlassen können (oder verlassen können sollten), sind Sie selbst.

Wenn Sie sich in einer Situation der akuten Verletztheit selbst körperlich spürbaren Kontakt geben, erzielen Sie eine ähnliche Wirkung, wie sie der vertraute Kontakt mit einem anderen Menschen bringen könnte. Vielleicht klingt das für Sie absonderlich. Doch jeder Mensch verfügt über unterschiedliche Verarbeitungsmuster: So reagiert eine »Seite« in uns wie das bedrohte Kind, eine andere hingegen weiß in der Regel ganz souverän mit der seelischen Verletztung umzugehen. Beide Seiten sind vorhanden. Doch stehen sie dem Verletzten auch als Potenzial zur Verfügung? Bei manchem liegen beide allerdings im inneren Konflikt miteinander, was ihn in einer solchen Lage zusätzlich schwächen kann. Mit der folgenden Methode verbinden Sie beide Verarbeitungsmuster so, dass sie konstruktiv zusammenwirken. Eine belastbare Seite in Ihnen schützt dabei die verletzliche und gibt ihr spürbaren Rückhalt. Es kommt dann nicht mehr dazu, dass die kindliche Seite die Oberhand gewinnt oder die erwachsene sie unterdrückt. Die Methode ist verblüffend einfach, vorausgesetzt, Sie haben sich Ihre Fähigkeit zu empfinden erhalten.

Spürbar zu sich stehen

- Legen Sie Ihre aktive Hand (bei Rechtshändern also die rechte) auf die andere Hand oder auf Ihren anderen Arm. Machen Sie das bewusst liebevoll, so also würden Sie einem Freund gegenüber ausdrücken, dass Sie zu ihm stehen und er nicht allein ist. Sie können das durch einen liebevollen Druck noch verstärken.
- Wenn Sie wollen, drücken Sie wie einem Freund gegenüber in Worten aus, dass Sie zu sich stehen.
- Eine weitere Variante besteht darin, sich im Sitzen die Hände mit dieser Intention auf die Oberschenkel zu legen. Nach einer Weile werden Sie angenehme Wärme spüren, die nicht nur entspannend wirkt, sondern Ihnen auch das gute Empfinden vermittelt, mit Ihrem Körper verbunden und geerdet zu sein.

Übrigens fällt eine solche Berührung anderen für gewöhnlich nicht auf. Für Sie selbst kann die Wirkung jedoch sehr stark und hilfreich sein. Sie hilft auch in anderen Situationen, in denen Sie für sich einstehen müssen, oder wenn Sie wieder in Kontakt mit sich selbst kommen möchten, weil Sie sich vielleicht in den Reizen der Außenwelt verloren haben. Was könnte Sie daran hindern, diese einfachste aller Methoden sofort auszuprobieren und anzuwenden?

Viele Menschen greifen sich spontan ans Herz, zum Beispiel wenn sie einen Schreck bekommen haben, wenn sie große Freude erleben oder wenn sie allen Mut zusammennehmen, »sich ein Herz fassen«. Auch wer deutlich machen möchte, dass ihm etwas wichtig ist, eine Herzenssache, legt sich die Hand aufs Herz. Das Spüren des Kontaktes zwischen Hand und Herz stärkt – und es beruhigt auch bei seelischen Verletzungen.

Hand aufs Herz!

– Legen Sie Ihre Hand (oder gleich beide Hände) auf Ihr Herz und konzentrieren Sie sich auf diese Berührung. Wenn Sie dabei Wärme, Kraft, Ruhe und vielleicht auch Weitung und Erleichterung im Herzbereich spüren, dann sollten Sie diese Methode parat haben, um sich nach einer seelischen Verletzung auf diese Weise Entlastung zu verschaffen. Sie können damit Ihren Herzbereich, der sich gerade zusammengezogen und angespannt hat, entspannen und wieder weiten. Zugleich geben Sie sich selbst liebevollen Kontakt.

– Wenn Sie diese einfache Methode, die grundsätzlich sehr angenehm und beruhigend wirkt, mehrfach mit Erfolg ausprobiert haben, dann versuchen Sie es doch einmal mental, das heißt, Sie stellen es sich nur vor. Die Hände können dabei weiter das Buch halten, während Sie die gedachten Hände auf Ihrem Herzen ruhen lassen oder Ihr Herz sogar behutsam in Ihre Hände nehmen. Gerade in einer so heiklen Atmosphäre wie nach einer seelischen Verletzung empfiehlt es sich, im Beisein von anderen nur diese mentale Version anzuwenden.

Den Schmerz zeigen?

Ein Kind muss in einer Situation, in der ihm ein Leid geschieht, auf sich aufmerksam machen, um Hilfe und Schutz von seinen Eltern oder anderen Erwachsenen zu erhalten. Das macht es ganz selbstverständlich, denn selbst kann es sich noch nicht helfen. Deswegen zeigt es seinen Schmerz lautstark. Bei einem Erwachsenen sieht das jedoch anders aus. Wenn ein Erwachsener seinen Schmerz über eine seelische Verletzung unverstellt ausdrückt, signalisiert er damit unter Umständen Schwäche und gibt wichtige Informationen über seine Verletzbarkeit preis. Schwäche führt jedoch oft dazu, dass er innerhalb einer Hierarchie – deutlicher formuliert: in der Hackordnung – weiter unten angesiedelt wird. Das kann dazu führen, dass er danach noch mehr einstecken muss, sogar von Unbeteiligten.

Kleine Kinder zeigen ihren Schmerz. Wenn sie älter werden, lernen sie, ihn nicht mehr spontan auszudrücken. Heranwachsende möchten tapfer sein und demonstrieren Coolness, um nicht mehr als Kind zu gelten. Erwachsene können sich nur gegenüber wenigen Nahestehenden unverstellte Offenheit leisten. Voraussetzung dafür sind gegenseitige Wertschätzung, Vertrautheit und bedingungslose Annahme. In der Öffentlichkeit und vor allem im Berufsleben oder bei Rivalitäten würde eine solche Offenheit gewöhnlich nur zu Nachteilen führen.

Diese Lektion des Erwachsenwerdens, d. h., den Schmerz nicht mehr spontan auszudrücken, wird manchmal in fataler Weise missverstanden und das Kind dann gewissermaßen mit dem Bade ausgeschüttet, indem man die eigenen Gefühle gar nicht mehr wahrnimmt oder sie niederhält und bekämpft. Die Lektion besteht darin, die Gefühle aufzunehmen, zu achten und intelligent zur Orientierung im Leben zu nutzen, sie jedoch nicht in jeder Situation und gegenüber jeder Person direkt und ungefiltert zu zeigen und auszudrücken. Der Heranwachsende lernt dabei, bewusst mit seinen Gefühlen umzugehen und sich nicht von ihnen beherrschen zu lassen.

Helfen Gespräche immer?

Oft hören seelisch Verletzte den guten Ratschlag, sich doch einmal mit der Person zusammenzusetzen, die sie verletzt hat, und sich mit ihr auszusprechen. Das klingt zunächst ganz plausibel. Mancher berichtet jedoch, dass es während eines solchen Gesprächs erneut zum Schlagabtausch und zu weiteren Verletzungen kam. Die Offenheit und das Eingeständnis der Verletzlichkeit werden gleich oder zu einem späteren Zeitpunkt und in anderen Zusammenhängen ausgenutzt, um noch gezielter und tiefer zu treffen. Es ist eine Frage der Abwägung: In welchem Maße können wir jemandem gegenüber offen sein, der in der Lage und offenbar auch bereit ist, uns seelisch so tief zu verletzen?

Wer sich um ein Gespräch bemüht, befindet sich häufig in einem Zwiespalt: Auf der einen Seite ist es vorteilhaft, einen Konflikt so früh wie möglich auszuräumen, schließlich helfen im aktuellen Moment oft wenige klare Äußerungen, weil der Hergang noch präsent ist und kaum geleugnet werden kann. Je länger gewartet wird, desto schwieriger wird es. Am Ende kann der Verletzte, der allzu viel Geduld hatte, sogar als nachtragend und kleinlich abgestempelt werden, als Querulant, der alles nur aufbauscht, wenn er das Thema so spät anspricht. Ein klärendes Gespräch macht auf der anderen Seite jedoch keinen rechten Sinn, wenn der Verletzte noch keinen ausreichenden inneren Abstand zu seiner Verletzung gewinnen konnte. Auch hilft es ihm nicht, ins Gespräch zu gehen, solange er sich noch geschwächt fühlt und solange seine Stresshormone wirken.

Und welche Kriterien sollte das Gegenüber erfüllen? Es sollte vertrauenswürdig und fair sein, zugänglich für Argumente. Nicht jeder Mitmensch, der einen verletzt hat, erfüllt diese Grundbedingungen. Sie sind übrigens auch Voraussetzung für die Anwendung von bestimmten Gesprächs- und Klärungstechniken. Im Grunde müssten beide Beteiligten darin geschult sein, und damit ist nicht immer zu rechnen.

Britta: »*Meine Schwägerin schloss die Unterredung mit der Aussage ab, dass ich mich mit meiner besonnenen Art nur einmal wieder über sie hätte stellen wollen. Ich wäre halt besserwisserisch. Etwas anderes hätte sie auch gar nicht von mir erwartet. Und damit schlug sie die Tür zu.*«

Die Verletzung begrenzen: Was blieb heil und unversehrt?

Wer tief getroffen ist, spürt nur noch sein Leid. Er verliert dabei alles aus dem Auge, was es sonst noch gibt. Im Extremfall wird er selbst zum Schmerz und ganz von ihm bestimmt. Da Schmerz alles zusammenzieht, hilft es, ihm Weitung entgegenzusetzen, auch die Ausweitung der Wahrnehmung und des Denkens. Erst dadurch kann die Verletzung relativiert, in einem größeren Zusammenhang betrachtet und – so paradox es klingen mag – begrenzt werden.

Ein befreundeter Arzt ist bei einer Abendeinladung in sichtlich gedrückter Stimmung. Auf mein Nachfragen klagt er darüber, an diesem Tag erfahren zu haben, dass er eine Woche zuvor in einem Bewertungsportal im Internet eine sehr schlechte Bewertung erhalten habe, die seinen sonst hervorragenden »Notenstand« erheblich drücke. Er rechnet mir vor, wie viele Bewertungen mit einem »Sehr gut« erforderlich wären, um diese einzige negative Bewertung, die er sich im Übrigen nicht erklären könne, einigermaßen wieder auszugleichen. In der Folge würden ihn weniger neue Patienten aufsuchen, fürchtet er. Noch mehr schmerzt ihn seine Hilflosigkeit, denn diese Rufschädigung ist anonym. Der Betreiber des Portals, an den er sich gewendet hat, versteckt sich hinter der Gesetzeslage, die es ihm erlaubt, eine »freie Meinungsäußerung«, die in den Augen des Arztes Verleumdung und Geschäftsschädigung darstellt, ohne rechtliche Folgen zu verbreiten. Bevor der Freund sich, den anderen Gästen und mir (als Autor könnte ich übrigens so einiges zu diesem leidigen Thema beitragen!) den Abend verdirbt, zeichne ich ihm auf einen kleinen Zettel folgende Skizze:

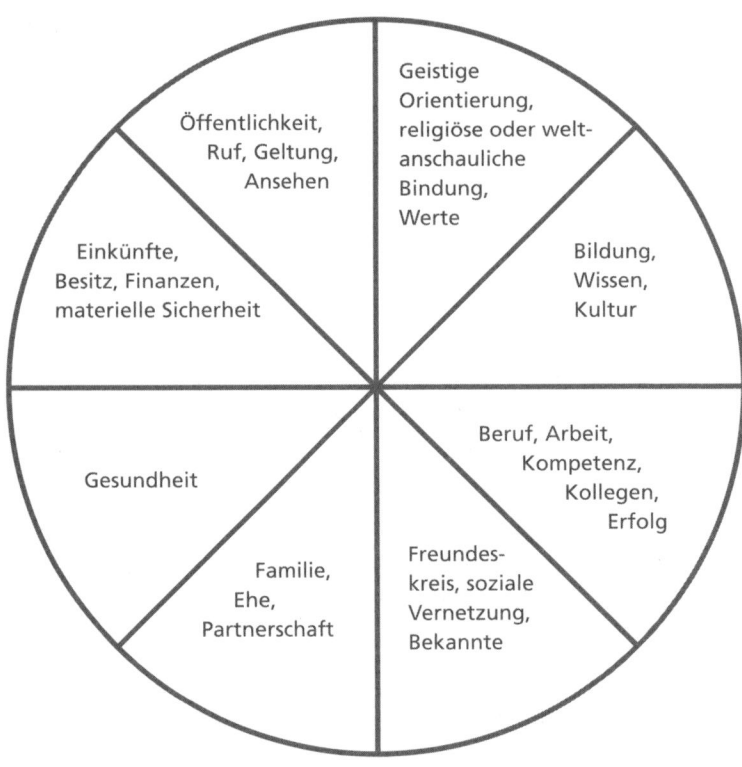

Dann frage ich ihn: In welchem Bereich ist die Verletzung erfolgt? Welche anderen Lebensbereiche gibt es noch? Welche Bereiche sind also von der Verletzung nicht tangiert? Betroffen ist bei ihm der Bereich Öffentlichkeit, Ruf, Geltung. Die anderen nicht, auch nicht unbedingt der Bereich Beruf, denn weder konnte er seither Rückgänge in der Praxis noch Abmeldungen von Seiten der Patienten bemerken. Die Anspannung des Arztes ließ deutlich nach, er konnte so wie die anderen in der Runde den Abend genießen.

Wenn Sie sich an diese kleine Skizze mit dem Kreis und den acht Sektoren erinnern (es reicht übrigens, wenn Sie sich erinnern, dass es mehrere Lebensbereiche gibt), dann sind Sie ebenfalls in der Lage, eine seelische Verletzung rasch so zu begrenzen, dass sie nicht auf die anderen Lebensbereiche übergreift. Die Anwendung der Methode zahlt sich aus. Eine einfache Rechnung: Wer den betroffenen Bereich begrenzt, verkürzt deutlich die Zeit, in der er sich hilflos fühlt und leidet, in der er aufgebracht ist, sich ärgert und sich nicht auf erfreulichere oder nützlichere Tätigkeiten konzentrieren kann. Die seelische Verletzung bei der Arbeit muss dann nicht zugleich auch den ganzen Feierabend verderben und den Schlaf rauben.

Stellen Sie sich vor, wie leicht sich die Wirkung einer seelischen Verletzung zerstörerisch wie eine Feuersbrunst ausbreiten könnte: Der Arzt aus dem Beispiel könnte möglicherweise seine Motivation verlieren, nicht mehr so engagiert arbeiten, in der Folge Fehler machen, mürrisch nach Hause kommen, dort Ärger bekommen, eine Scheidung würde zu finanziellen Einbußen führen, vielleicht würde er anfangen zu trinken, was sich auf seine Gesundheit auswirken könnte, außerdem würden das seine Patienten bemerken und ihn verlassen ...

Diese einfache Methode zur rechtzeitigen Eingrenzung einer seelischen Verletzung und des Schadens gehört in jedes Notfallset, damit es nicht zu einem seelischen Flächenbrand kommt, der unter Umständen weitere Bereiche des Lebens in Mitleidenschaft ziehen könnte. Die Auswirkung einer seelischen Verletzung können Sie auch räumlich verorten und begrenzen. Bei familiären Kränkungen können Sie dann den beruflichen Bereich bewusst als stabilisierend oder doch zumindest als wohltuend neutral erleben. Ebenso können Sie bei seelischen Verletzungen im Beruf die häusliche Sphäre bewusst als den Ort betrachten, an dem Sie Rückhalt finden und für sich sorgen können.

So helfen Sie sich,
wenn Sie Zeit dafür finden

Wenn der Feierabend kommt, der Besuch abgereist ist, die Kinder versorgt sind und allmählich Ruhe einkehrt, dann meldet er sich wieder, der Schmerz über eine seelische Verletzung. Er lässt sich nicht länger zurückdrängen, und wenn Sie versuchen sollten, ihn zu übergehen, macht er sich bald wieder umso störender bemerkbar. Lassen Sie ihn also zu seinem Recht kommen, denn sonst verdirbt er Ihnen den Abend und lässt Sie nachts nicht schlafen. Noch schlimmer wäre es, wenn er unterschwellig zum Dauerthema werden könnte. Warten Sie also nicht zu lange.

Vielleicht kommen Sie auch jetzt erst dazu, die eine oder anderen Methode aus dem Kapitel über die Erste Hilfe konsequent anzuwenden, oder Sie trauen sich gleich an die folgenden Versionen heran, für die Sie mehr Zeit und Ruhe benötigen. Auch für diese tiefer gehenden Techniken brauchen Sie die für die Erste Hilfe beschriebenen Methoden, mit denen Sie Distanz gewinnen, damit Sie den Abstand zur Verletzung selbst bestimmen können. Und unbedingt sollten Sie wie dort beschrieben die Verletzung auf die tatsächlich betroffenen Lebensbereiche begrenzen, damit Sie sich überhaupt auf das Thema konzentrieren und sich der Verletzung und Ihrem Schmerz stellen können, ohne Ihr Leid unnötig zu vergrößern. Auch ist es sinnvoll, die Gelegenheit einer Ruhephase zu nutzen, um die Methoden zu wiederholen, denn umso schneller werden sie Ihnen vertraut sein und Ihnen dann in allen Lebenslagen als Erste Hilfe sofort und jederzeit abrufbar zur Verfügung stehen.

Rückzug oder Nähe suchen?

Wer seelisch verletzt wird, kann zwei entgegengesetzte Impulse in sich spüren. Der eine besteht in dem Wunsch, sich von der Welt und allen Menschen zurückzuziehen – wie ein krankes Tier, das sich verkriecht. Der andere veranlasst uns dazu, Schutz bei anderen zu suchen wie einst bei den Eltern, und sich ihnen mitzuteilen, sie einzubeziehen und sich auf diese Weise zu entlasten. Manch einer geht dabei sogar so weit, dass er versucht, sie als Verbündete einzuspannen und sie zu Mitstreitern zu machen.

Welcher Impuls in einem Menschen die Oberhand gewinnt oder sich überhaupt bemerkbar macht, hat mit seiner eigenen Geschichte zu tun, mit der Art der Verletzung und der Situation. Wer von seiner eigenen Gruppe verletzt wird, tendiert dazu, sich zu verkriechen, wer von einem Außenstehenden verletzt wird, sucht meist die Nähe zu seiner Familie oder zu seiner Gruppe. Auch das Geschlecht spielt eine Rolle: In unserer Gesellschaft zeigen Männer ihren Schmerz nur ungern und teilen sich in ihrem Leid seltener anderen mit. Sie neigen dazu, Verletzungen eher zu verbergen, und wenn das nicht möglich ist, ziehen sie sich lieber zurück. Frauen suchen viel öfter die Nähe zu anderen, sprechen offen und direkt über das, was ihnen geschehen ist.

Ein Rückzug muss übrigens auch nicht räumlich und konkret stattfinden, ein Verletzter kann sich auch in sich selbst wie in ein Schneckenhaus verkriechen und sich nach außen verschließen.

Wie weit wird er seinen Schmerz verbergen? Auch vor sich selbst? Und mit welcher Seite in sich wird er sich identifizieren? Mit der nach außen sichtbaren, die darauf bedacht ist, Haltung zu bewahren, oder mit der zurückgezogenen verletzten Seite? Oder hält er die Spannung aus, zu seinen beiden Seiten zu stehen und sie miteinander zu vereinbaren? Welches Verhältnis haben die beiden Seiten zueinander? Bekämpft die eine die andere? Gibt die,

die den Anschein wahren will, den Druck einfach weiter? Oder schützt sie fürsorglich die verletzte Seite? Oft verläuft die Reaktion eines seelisch Verletzten in Phasen. Zum Beispiel kann er zuerst dem Wunsch nach Rückzug nachgeben, der nach einer Pause der Besinnung allmählich in eine innere Klärung übergeht, nach der er das Bedürfnis in sich verspürt, sich anderen gegenüber zu öffnen. Andere suchen gleich den Kontakt und das Gespräch mit Vertrauten. Um eines kommen auch diejenigen nicht herum, die sich gern spontan anderen mitteilen: um die Zuwendung zu sich selbst und um die innere Verarbeitung ihrer seelischen Verletzung.

Zu sich stehen

Wunderbar ist es, sich nach einer seelischen Verletzung vom Partner oder einer anderen nahen Person in den Arm nehmen zu lassen. Doch nicht jeder ist in der glücklichen Lage, einen vertrauten Menschen um sich zu haben. Und was, wenn es gerade diese vertraute Person war, die ihn verletzt hat?

Viele Menschen haben im Moment einer seelischen Verletzung zugleich das Gefühl, verlassen und isoliert zu sein. Mancher hat plötzlich sogar die Vorstellung, dass die ganze Menschheit sich gegen ihn verschworen habe und ihn bekämpfen und verletzen wolle. Dieser Eindruck und alles, was aus ihm folgt, können ihn in seinem Zustand noch weiter verhärten und mehr aufbringen als die Verletzung selbst. Er läuft dann Gefahr, in eine defensive Rolle zu geraten, die sich ablehnend bis hin zur Provokation gegen seine ganze Umgebung wendet, gegen Anwesende und sogar gegen Freunde, sodass er noch weiter ins Abseits gerät. Wer nicht aufpasst, kann sich als Verletzter so aufführen, dass sich am Ende alle gegen ihn stellen, was ihn in seiner Haltung allerdings nur wieder bestätigt.

Zu diesem Verhalten kann es auf unterschiedliche Weise kommen. Zum einen mag es sich um die Wiederholung des Szenarios seiner alten Verletzungen handeln, bei der tatsächlich alle gegen ihn waren und er allein dastand. Diese Erfahrung wird dann als Programm bestätigt. Zum anderen kann er damit auch eine Art von Prüfung inszenieren, nach dem Motto:»Wer nicht für mich ist, der ist gegen mich.«So entspräche es dem vereinfachten Denken im Stresszustand. Manch einer erlebt sich dann sogar als besonders tapfer oder heldenhaft, wenn er»allein gegen alle«endlich sich selbst spürt.

Wie auch immer ein Mensch im Moment der seelischen Verletzung auf seinen Schmerz reagiert, es ist auch danach noch möglich, ihre Wirkungen abzumildern und aufzufangen. Dies gelingt – und nicht nur bei der Ersten Hilfe –, wenn er sich selbst körperlich spürbaren Rückhalt gibt. Genau wie sich ein Kind in seinem Schmerz entspannt, ihn durchleiden und dann loslassen kann, wenn es die Obhut seiner Eltern spürt, so kann ein Erwachsener sich selbst diese Nähe auf konstruktive Art geben. Die Wärme der Berührung zu spüren hilft, auch wenn es die der eigenen Hand ist. Der Verletzte kann sich in Ruhe und mit Konzentration die Hand bewusst auf seine andere Hand oder den Arm legen. Noch deutlicher ist dieses spürbare Zeichen, im Schmerz zu sich zu stehen, wenn man seine Hände auf den Bauch oder auf die Oberschenkel legt. Besonders wirksam ist es sogar, sich selbst zu umarmen und sich so eine ganze Weile zu halten. Das wiederum lässt sich noch übertreffen, wenn man dabei in eine Schaukelbewegung übergeht. Das erinnert an die Existenz im Mutterleib. Wie weit Sie auch gehen möchten, geben Sie Ihre Liebe hinein, die Vergewisserung, in Treue zu sich zu stehen.

Manche Menschen haben Schwierigkeiten, sich selbst zu lieben, gerade in einer schwachen Position wie bei einer seelischen Verletzung. Sie können ihr Verhältnis zu sich dadurch verbessern, dass sie sich selbst von außen betrachten, mit Abstand wie eine fremde Person. Dieser Person bezeugen sie dann ihre Solidarität und legen ihr die Hand auf die Schulter. Völliges Loslassen, am besten in Kombination mit einer Umarmung, beruhigt umso mehr und erinnert daran, wie wir als Kind Zuflucht in den Armen der Eltern erlebt haben.

Sich bewusst fallen lassen

- Vielleicht haben Sie jemanden, bei dem Sie sich in gleicher Weise fallen lassen können wie als Kind bei den Eltern? Wenn nicht, nehmen Sie sich zu Hause selbst in den Arm und lassen sich auf das Sofa, in den Sessel oder auf Ihr Bett sinken. Spüren Sie dabei Ihre Schwerkraft und lassen Sie alle Spannungen in sich los.
- Dann können Sie auch Ihren Schmerz und Ihre Trauer bewusst zulassen. Konzentrieren Sie sich auf das Empfinden des Sinkens. Wenn Sie dabei weinen können, ist das wie ein Geschenk. Dadurch, dass Sie Ihre Gefühle zulassen, lösen sie sich allmählich auf, auch wenn es manchmal etwas länger dauern kann.

Durch diese Art des In-sich-Zusammenfallens geschieht etwas Paradoxes: Nach einer ganzen Weile erwachen Ihre Kräfte wieder und Sie haben den Wunsch, sich zu erheben, sich aufzurichten, sich zu recken und zu strecken und sich zu bewegen. Die Welt sieht schon wieder ein wenig anders aus. Jetzt können Sie sich eher zutrauen, sich Ihrem Leben erneut zu stellen. Doch beschleunigen Sie es nicht, lassen Sie es von selbst in sich entstehen.

Diese Methode kann einer Eskalation zuvorkommen. Der Schmerz und die Reaktion darauf sind anschließend weniger heftig, offenbar wird Stress sehr rasch abgebaut. Die meisten Menschen, die diese Methode angewendet haben, beschreiben ihre

Wirkung als entspannend. Sie waren danach weniger »außer sich«, erlebten sich als weniger hilflos, als klarer und kraftvoller.

Weite schaffen

Das körperliche Sich-zusammenziehen bei einer Verletzung kann lange nachwirken. Die Spannung bleibt oft erhalten, wenn die Bindung an den Schmerz noch besteht und er nicht verarbeitet und losgelassen wurde. Mit jeder Erinnerung an das Ereignis ziehen sich die Muskeln dann wieder zusammen. Der Mensch fühlt sich entsprechend bedrückt und das beeinflusst wiederum seine Gefühle und sein Denken. Wer nicht aufpasst, gerät in einen Teufelskreis, sein Leben verengt sich mehr und mehr. Da helfen die aus der Gymnastik bekannten Dehn- und Streckübungen und tiefes Gähnen. Oder ganz gezielte Übungen für eine größere und bewusstere Weitung und Entspannung.

Sich körperlich weiten

- Verstärken Sie willentlich Ihren angespannten Zustand noch einmal, ziehen Sie sich noch mehr in sich zusammen und halten Sie diese Position ein paar Sekunden lang.
- Dann lassen Sie die Spannung los bis hin zur Erschlaffung. Spüren Sie dabei Ihre Schwere und die Anziehung der Erde.
- Nach einer ganzen Weile werden Sie den Impuls haben, sich aufzurichten. Recken Sie sich dann, strecken Sie Ihre Glieder und nehmen Sie die Kraft in sich wahr, die sich jetzt neu in Ihnen regt. Geben Sie dem Drang nach Bewegung nach, wenn Sie ihn spüren. Und wenn Sie den Kontakt zu Ihrem Körper verloren haben sollten, probieren Sie dennoch ein bisschen Bewegung aus und erleben Sie, wie gut Ihnen das tut.
- Sie können sogar noch einen Schritt weiter gehen: Stellen Sie sich vor, sich bis in jede Zelle hinein ein bisschen zu weiten und

So helfen Sie sich, wenn Sie Zeit dafür finden

sich ein klein wenig in Ihrem Körpervolumen auszudehnen – wie in der wohligen Wärme eines Thermalbades. Wenn Sie sich zu einem Besuch eines solchen Bades aufraffen können, wäre das eine noch viel bessere Selbsthilfemaßnahme. Ersatzweise lassen Sie sich ein heißes Bad ein. In warmem Wasser wirken Entspannung und Weitung noch intensiver.

Jeder seelische Schmerz, der uns trifft, landet in unserem Herzen. Sie sollten daher für Ihr Herz sorgen, es entspannen und stärken, sodass es sich wieder weiten kann. Manch einer spürt im Schmerz eine Beklemmung im Brustkorb und versucht ihr durch bewusst tiefes Atmen entgegenzuwirken. Oft reicht es jedoch nur für ein verkrampftes Luftschnappen, bei dem die Verspannung erhalten bleibt. Wenn es Ihnen auch so geht, probieren Sie doch einmal folgende Methode. Wie bei all diesen Techniken ist es wichtig, dabei nicht mit dem Willen, mit Anstrengung oder mit der festen Vorstellung eines Ergebnisses vorzugehen, sondern mit der Offenheit eines Experimentators.

Den Herzbereich weiten

- Halten Sie Ihre Hände flach vor die Brust etwa im Abstand eines Zentimeters. Spüren Sie dabei die Rippen, die Hände und den Bereich zwischen Ihrer Brust und den Händen auch ohne Berührung.
- Erweitern Sie diesen Zwischenraum nun extrem langsam. Während Ihre Hände sich millimeterweise von der Brust fortbewegen, konzentrieren Sie sich auf die Wirkung auf Ihren Herzbereich. Dann legen Sie die Hände neben sich.
- Nach einer Weile beginnen Sie erneut etwa einen Zentimeter vor der Brust und lassen die Hände langsam mehr Raum schaffen.

- Wiederholen Sie das eine Weile. Die meisten Menschen verfallen darauf, ihre Hände dabei im Rhythmus ihres Atems zu bewegen. Die Bewegung der Hände sollte jedoch viel langsamer erfolgen als der Atem, der davon unabhängig ist. Vielleicht spüren Sie auch, wie Sie von Mal zu Mal tiefer und entspannter atmen und sich freier fühlen.

Überhaupt etwas tun zu können, verändert die Lage
Allein die Tatsache, selbst etwas unternehmen zu können, um seine Lage zu erleichtern, ändert bereits die Situation der Bedrängnis. Selbst wenn es nicht immer sehr viel ist, was der Betroffene bewirken kann, fühlt er sich dadurch weniger ausgeliefert. Er legt eine Art inneren Schalter von passiv auf aktiv um und ist dadurch nicht länger nur Opfer. Er erkennt, wie selbstwirksam er ist, und profitiert darüber hinaus von der konkreten Wirkung der angewandten Methode. Auch verändert die Konzentration auf die spezielle Technik seinen Zustand: Er wird ruhiger und besonnener.

Und was passiert mit der »Ladung«?
Es kann sein, dass ein seelisch verletzter Mensch so aufgewühlt ist, dass er gar nicht in der Lage ist, zur Ruhe zu kommen, eine Methode anzuwenden und sich beispielsweise fallen zu lassen. Die Verletzung hat vielleicht wie ein Angriff auf ihn gewirkt und seine Energie aufgestachelt, die sich nun gern in Gegenwehr entladen würde, in Angriff und Kampf. Gegen alle Tätlichkeiten sprechen jedoch gewöhnlich schon einmal das meist vorhandene Kräfteungleichgewicht zwischen Täter und Opfer und die bestehenden Machtverhältnisse. Und vor allem und glücklicherweise steht das Gewaltmonopol des Staates dagegen, das jede Selbstjustiz verbietet.

Die einfachste Lösung wäre es natürlich, sich seinerseits schwächere Opfer zu suchen, um die erhaltene Ladung Gift auf sie abzuleiten, wie im Beispiel vom General, der bei der Verleihung eines Ordens übergangen wurde: Er heizt dem Offizier ein. Der schurigelt den Feldwebel. Der traktiert den Soldaten. Der lässt zu Hause seinen Ärger an der Frau aus. Die wieder schimpft mit dem Kind. Das ärgert den Hund. Der knurrt die Katze an. Und die geht auf Jagd nach Mäusen …

Verletzte sind durchaus nicht immer Engel, wie manches Opfer es anderen weiszumachen versucht. Es ist nicht leicht, die Ladung Schmerz nicht weiterzugeben, ohne sich damit selbst zu vergiften. Oft geschieht eine kleine Entlastung wie durch ein Leck, ohne dass der Verletzte es selbst bemerkt. Auf jeden Fall wird es als erleichternd erlebt, wenn die gestaute Energie wieder ein wenig in Fluss kommt, und das ist mit einem Gefühl der Freude verbunden, selbst wenn sich der Verletzte dabei wie die Axt im Walde verhält. Manchmal bemerkt er es nicht einmal oder will es nicht wahrhaben. Dann reagiert er auf Unbeteiligte unfreundlich. Oder er macht aus Versehen Patzer, unpassende Bemerkungen, Komplimente, die bei näherem Betrachten auch ganz anders gemeint sein könnten und vielleicht auch so verstanden werden.

Damit all das nicht passiert, versucht der seelisch Verletzte die Ladung dieser Energie gewöhnlich mit Vernunft im Zaum zu halten. Das ist anstrengend, und wenn er nicht aufpasst, kann sie sich gegen ihn selbst auswirken und ihn schädigen. Wer stark aufgebracht ist, muss zuerst die Energie ein wenig reduzieren, um sie überhaupt kanalisieren zu können.

Gut haben es da die Sportler. Der Waldlauf oder der Besuch des Fitnessstudios baut die überschüssige Ladung rasch ab und bringt die Energie wieder zum Fließen. Zugleich schafft die Bewegung Distanz zum Problem. Wer zum Beispiel läuft oder schwimmt, konzentriert sich dabei ganz von selbst auf seine Bewegung, auf die Atmung und seinen Körper. Das Ergebnis ist ein klarer Kopf.

Nach so einer »Reinigung« kann er sich der Verletzung erneut stellen und Nachsorge betreiben. Vielleicht verstärkt er die Wirkung sogar noch durch anschließendes Duschen mit der Vorstellung, sich damit vom Gift der Verletzung zu reinigen.

Nicht jeder betreibt einen entlastenden Sport, doch mit einem forschen Spaziergang kann eine ähnliche Wirkung erreicht werden. Solange eine Regel beherzigt wird: Während des Gehens keine Aufmerksamkeit auf die Verletzung richten! Das Einhalten dieser Vorgabe ist einfacher, wenn die Konzentration ganz auf den Körper gerichtet wird. Wer den Zugang zu seinem Körper verloren hat, kann seine Wahrnehmung immerhin auf das ausrichten, was er draußen sieht. Danach ist es leichter möglich, sich wieder seiner seelischen Verletzung zuzuwenden, und das dann ganz bewusst und systematisch.

Das Bedürfnis, sich mitzuteilen

Wer verletzt ist, sucht auch deshalb die Nähe anderer, um sich mitteilen und dadurch entlasten zu können. Darüber zu sprechen ist eine gute Möglichkeit, um seinen Schmerz fassen, Abstand zu ihm gewinnen und ihn verarbeiten zu können. Bleibt einer allein in seinen Problemen und in seinem Schmerz, drehen sich seine Gedanken gewöhnlich im Kreise. Seine Schallplatte »hängt«. Er wiederholt sich, so oft er an seine Verletzung oder seine Last denkt. Dennoch glaubt sein Gehirn, durch abermaliges Denken doch noch eine Lösung finden zu können. Vielleicht verstärkt es sogar seine Bemühungen und strengt sich noch mehr an. Doch je mehr es sich darauf fixiert, desto enger ziehen sich die Kreise der Gedanken zusammen.

Anders, wenn wir einem Zuhörer unsere Geschichte erzählen. Dann kann es geschehen, dass wir plötzlich unsere eingespurten Denkbahnen verlassen und auf neue Gedanken kommen. Wir erkennen dann Lösungen, gelangen zu Einsichten, die wir zuvor gar nicht für möglich gehalten hätten. Das Gute ist, dass wir selbst darauf kommen, auch wenn wir es allein und ohne diesen Zuhörer wohl nicht so leicht geschafft hätten. Heinrich von Kleist beschreibt dieses Phänomen in seinem Aufsatz »Von der Verfertigung der Gedanken beim Sprechen«.

Offenbar spielt das deutliche Aussprechen der Gedanken bei diesem Bewusstseinssprung, denn darum handelt es sich in einem solchen Fall, eine wichtige Rolle. Wer etwas, das er gerade denkt, tatsächlich ausspricht, der formuliert die Gedanken nicht nur bewusster, er hört sie auch selbst. Er nimmt sie also anders wahr, als wenn er sie nur so vor sich hindenkt, wie er es gewohnt ist. Plötzlich bemerkt dieser Mensch Schlüsse, die nicht logisch sind, er entdeckt Schlampereien und Verallgemeinerungen, die er so nicht durchgehen lassen kann. Und er kommt auf diese Weise tatsächlich über den Sprung in seiner Schallplatte hinweg.

Ein weiterer Aspekt trägt zu dieser Veränderung bei: Wer sein Leid erzählt, erhält Resonanz von der Person, die ihm zugewandt zuhört. Resonanz – Verständnis, Annahme und Wertschätzung – führt zu einem Zuwachs an Energie auf beiden Seiten. Beide verändern ihre Befindlichkeit. Der Verletzte, der so viel Verständnis gefunden hat, wird das ganz besonders deutlich spüren.

Und wenn sich die zuhörende Person danach schwach fühlt? Dann ist dabei tatsächlich etwas schiefgelaufen. Der Zuhörer hat nicht auf sich aufgepasst und sollte sich in dem Fall dringend mit dem Thema Abgrenzung beschäftigen.

Erzählen oder jammern?
Geteiltes Leid ist halbes Leid, heißt es. Ist dann geteilte Freude nur halbe Freude oder doppelte Freude? Und kann sich das Leid eventuell auch verdoppeln so wie die Freude? Es hängt offenbar davon ab, wie wir uns mitteilen. Und wie teilen wir uns mit? So, dass wir

den Freund in unser Leid hineinzuziehen? So, dass wir uns noch stärker in den seelischen Schmerz hineinsteigern und an ihm festhalten, oder so, dass wir verstehen, was geschehen ist, und es zugleich verarbeiten?

Häufig ist zu beobachten, dass diese Art von Erleichterung durch das Sich-mitteilen nach einer Weile umschlägt. Dann wird die vermeintliche Entlastung zu ihrem Gegenteil, sie belastet. Der Schmerz wird durch das Erzählen erneuert und verstärkt. Mancher Verletzte hat die Tendenz, sich in seiner Opferrolle einzurichten, und versucht sich darin zu bestätigen. Das gelingt ihm in einer Mühle aus Leid und Selbstmitleid, die durch sich wiederholendes Erzählen und Dramatisieren in Gang gehalten wird. Manchmal drängt sich sogar der Verdacht auf, dass das Opfer einer Verletzung den Zuhörer seiner Geschichte seinerseits zu seinem Opfer macht. Auch stellt sich die Frage, ob das Erzählen bei manchen Personen nicht als Methode benutzt wird, um den Schmerz nicht zu fühlen. In dem Fall wird er auch nicht durchlebt und aufgelöst, sondern bleibt erhalten, und das ist wiederum ein Grund, sein Leid weiterhin zu verbreiten.

Der Punkt, an dem die entlastende Wirkung umschlägt, wird oft übergangen. Dazu trägt häufig auch der Zuhörer bei, der allzu viel Resonanz spendet, willfährig Stellung bezieht oder Partei für den Verletzten ergreift und seine Sichtweise kritiklos bestätigt. Das allerdings wird von manchem Opfer auch tatsächlich eingefordert, nach dem Motto: »Wer die Dinge nicht genauso sieht wie ich, der ist gegen mich.«

Die Kunst des Zuhörens

Unsere Freunde neigen dazu, unsere Sicht der Dinge und unsere Gefühlslage zu übernehmen, wenn sie im Schmerz zu uns stehen. Das entlastet uns, wir fühlen uns nicht mehr allein. Wir können dankbar sein, dass sie da sind und uns zuhören. Doch zeigt sich bald, ob der andere ein guter Zuhörer ist oder ob er uns mit seiner Art des Zuhörens einen Bärendienst erweist.

Von Freunden werden wir oft nicht erfahren, »was Sache ist« und welche Rolle wir in dem Hergang vielleicht selbst gespielt haben. Am ehrlichsten sind unsere Gegner oder Feinde. Auch wenn sie uns gegenüber nicht alles direkt aussprechen, wir können damit rechnen, dass sie uns genau dort angreifen, wo wir unsere Schwachstellen haben. Ein Freund würde diese möglicherweise nicht sehen, vielleicht weil er ähnliche hat oder weil er sie gar nicht sehen will, und wenn er sie kennt, wird er sie eher beschönigend darstellen.

Auch das ist ein Aspekt der Feindesliebe. »Feinde« geben uns stets Anstöße zur Entwicklung. Gewiss gibt es auch da Unterschiede. Genau wie wir uns Freunde aussuchen, können wir manchmal unsere Gegner auswählen, die es uns wert sind, mit ihnen zu ringen. Doch nicht immer haben wir die Wahl. Fremde werden sich uns in den Weg stellen, vielleicht wenn wir gar nicht damit rechnen, und uns auf übersehene blinde Flecken aufmerksam machen.

Wer jedenfalls zuhört, sollte auch einfach nur zuhören. Jeder Kommentar ist vorschnell. Wer verletzt ist, möchte einen Freund leider allzu gern auf seine Seite ziehen, ihn überzeugen und vielleicht sogar rekrutieren und instrumentalisieren. Als Nahestehender wird man dann manchmal unter Druck gesetzt, die Dinge genauso und nicht anders zu sehen und zu genau denselben Schlüssen zu kommen, Partei zu ergreifen und Konsequenzen zu ziehen. Wer gerade leidet, hat damit noch lange nicht seine Tendenz zur Manipulation aufgegeben, wenn er auch sonst Machtspielchen treibt.

Es hilft also, einfach nur da zu sein und zuzuhören. Diese Zurückhaltung kann der Zuhörer aufgeben, wenn er darum gebeten wird, seine Sicht der Dinge oder seine Gedanken zur Situation zu äußern. Und das wiederum verlangt von dem, der diese Bitte geäußert hat, sich die Antwort in Ruhe anzuhören, auch wenn sie nicht seinen Erwartungen entspricht, und mögliche Widersprüche auszuhalten.

Freundschaft besteht eben nicht darin, das Gleiche zu denken und in allem übereinzustimmen. Bei aller Gemeinsamkeit sind es gerade die Unterschiede, Gegensätze und Widersprüche, die eine Freundschaft wertvoll machen. Dann öffnet sie uns ein weiteres Fenster zur Welt, das uns sonst verschlossen wäre, und so kann sie dazu beitragen, dass wir uns ein wenig mehr der Ganzheitlichkeit nähern.

Reflexion zum Erzählen von Sorgen

Treten Sie einmal zur Seite und betrachten Sie sich von außen:

- Vergleichen Sie das Vorher und das Nachher. Verändert sich Ihre Stimmung durch das Erzählen?
- Geht es Ihnen darum, den Zuhörer von Ihrer Sichtweise und Ihrem momentanen traurigen Lebensgefühl zu überzeugen, oder darum, sich von ihm aus Ihrem Tief heraushelfen zu lassen, nachdem Sie es erzählend durchschritten haben?
- Erzählen Sie ein und derselben Person wiederholt ähnliche Geschichten, bei denen es stets um Verletzungen geht, die Ihnen zugefügt werden, oder sprechen Sie mit dieser Person auch über erfreuliche Themen, die es doch auch gibt?
- Schaukeln Sie sich gegenseitig in Ihrer Sichtweise und Ihrem Lebensgefühl hoch?

So helfen Sie sich, wenn Sie Zeit dafür finden

Fruchtbare Gespräche
- Damit Sie den Punkt nicht versäumen, an dem die Erleichterung durch das Erzählen umschlägt in ihr Gegenteil, ist es erforderlich im Kontakt mit seinem Körper zu bleiben und ihn zu spüren, denn nur er ist in der Lage, das wahrzunehmen.
- Bitten Sie den Zuhörer, tatsächlich nur zuzuhören.
- Begrenzen Sie die Zeit, in der Sie von Ihrem Leid und Schmerz erzählen.

Verletzt und allein

Auch das gibt es: Es ist niemand da, der zuhören könnte. Der Verletzte ist allein und auf sich selbst zurückgeworfen. Übrigens ist das nicht nur in den unerfreulichen Situationen des Lebens manchmal so, sondern auch im Glück. Die Energie bei einer Verletzung zieht sich eher zusammen, während sich Freude ausdehnen möchte. Es ist also ein merkwürdiges Gefühl, sich ganz allein freuen zu müssen, wenn niemand da ist, mit dem die Freude geteilt werden könnte. Auch das kann in irritierender Weise schmerzen.

Gewiss, das gute alte Tagebuch ist eine bekannte Möglichkeit, niederzuschreiben, was einen bedrückt, um dann darüber hinauszuwachsen. Durch das schriftliche Formulieren kann Distanz entstehen. Wer Tagebuch führt, hat die Möglichkeit, einen Zustand größerer Objektivität herbeizuführen. Doch wer zu bedrückt und aufgewühlt ist, der schafft diesen Sprung oft nicht. Dann verewigt er schwarz auf weiß seinen Trübsinn und versetzt sich jedes Mal, wenn er zum Tagebuch greift, erneut in diesen Zustand. Hinzu kommt, dass es nicht jedem liegt, sich schriftlich zu äußern. Auch dann kann die Methode des deutlichen Aussprechens genutzt werden:

Den Schmerz heraussprechen

- Sprechen Sie bewusst aus, was Sie bedrückt. Sie können alles Belastende den Wänden Ihres Wohnzimmers, den Bäumen des Waldes oder Ihrem Teddybären erzählen. Besser vielleicht in Gedanken einem Freund, der im Moment nicht da ist. Wichtig ist dabei, es tatsächlich laut zu formulieren, sodass Sie es selbst hören können. Plötzlich verändert sich Ihr Selbstgespräch.

In einzelnen Fällen geschieht es, dass sich die betroffene Person laut redend noch mehr anfeuert und noch stärker in das Drama hineinsteigert. Dann empfiehlt es sich, abzubrechen und sich auf etwas anderes zu konzentrieren, um sich mit zeitlichem Abstand erneut dem Thema zuzuwenden.

Die Wirkung der Resonanz funktioniert auch innerhalb ein und derselben Person. Der Betroffene spricht über sein Leid, er korrigiert und formuliert seinen Bericht angemessener, doch vor allem nehmen in dem laut gesprochenen und bewussten Selbstgespräch andere Instanzen in derselben Person all das wahr, was dem Betroffenen auf der Seele liegt. Sie können ihre Gesichtspunkte einbringen, helfen, ihre Solidarität zeigen. Auch so entsteht Resonanz und dadurch Energie zur Veränderung und Entwicklung: durch die bejahende Wahrnehmung der eigenen Person. Zugleich schafft dieses Erzählen Abstand. Die Person bleibt also nicht auf ihre Betroffenheit beschränkt und ihr gesamtes Potenzial wird aktiviert.

Die Lektüre abbrechen?

Die Beschäftigung mit dem eigenen Schmerz ist sehr fordernd. Nicht aufgelöster Schmerz wird dadurch (wieder)belebt, wir betrachten die Wunden, erkennen das Ausmaß der Narben, unsere Hilflosigkeit und Ausweglosigkeit von damals wird uns bewusst. Die eigenen Verletzungen treten oft deutlicher hervor als damals, als wir vom Schmerz noch wie betäubt und in unserer Sicht eingeengt waren. Es kann sein, dass uns die wachgerufenen Gefühle überwältigen.

Darum ist es nachvollziehbar, wenn man unter diesen Umständen dem Thema lieber ausweichen will – das Buch vielleicht zur Seite legt, das Interesse abschüttelt und sich anderen Dingen zuwendet. Und es ist tatsächlich gut, die Lektüre so zu dosieren, dass man sich damit nicht überfordert. Ebenso wichtig ist es, nicht ganz im Thema Schmerz zu versinken und die Freude und das Leichte im Leben darüber nicht zu vergessen und ihm als Gegengewicht genügend Raum zu geben.

Sie sollten die Lektüre jedoch nicht so ohne Weiteres abbrechen. Dafür gibt es mehrere Gründe: Zum einen bleiben Sie dann mitten in einer Krise stecken, die Sie auch als Heilungsprozess verstehen können, in dem zunächst alles noch einmal belebt und ans Licht gebracht wird, damit es geordnet, integriert und gewandelt werden kann. Es ginge Ihnen dann wie einem Menschen, der angefangen hat aufzuräumen: Nachdem er den Schrank ausgeräumt und seinen Inhalt um sich verstreut hat, wird es ihm plötzlich zu viel. Er schließt das Zimmer mit dem Chaos hinter sich ab und sucht das Weite. Das wäre keine Lösung. Dann wäre es besser gewesen, gar nicht erst zu beginnen.

Zum anderen – und das ist weitaus schlimmer – kann sich beim Abbruch der Lektüre etwas wiederholen: Die meisten

Menschen, die ich in Sitzungen kennengelernt habe und bei denen es um alte und sich wiederholende Verletzungen ging, hatten sich in ihrem Schmerz selbst im Stich gelassen. Brechen sie die Beschäftigung damit abermals ab, würde sich der entsprechende Anteil in ihnen erneut verlassen und verletzt fühlen. Ich empfehle also, dranzubleiben und die Lektüre und Arbeit am Thema ein wenig zu strecken und vor allem die versöhnenden und heilenden Methoden liebevoll auf sich anzuwenden. Sollten Sie feststellen, dass der Schmerz Sie dennoch übermannt, dann wäre individuelle Hilfe von einem Psychotherapeuten angeraten.

Mutig hinschauen – Erkenntnisse gewinnen

Wer sich verletzt fühlt, ist davon gewöhnlich wie gebannt und betrachtet die Situation durch einen individuellen Filter, der oft noch aus der Kindheit stammt. Ist für die einen der Schuldige sofort auszumachen, so suchen andere bescheiden bei sich selbst nach Fehlern. Oft wird über die Ursache, die Absicht oder das Motiv nachgegrübelt. Wer mehr Aufschluss haben möchte, tut gut daran, einmal ganz anders, und zwar systematisch auf die Verletzung zu schauen. Das Ziel dabei ist übrigens nicht, sich weiter darin zu verstricken, sondern darüber hinauszuwachsen. Damit Ihnen das gelingt, brauchen Sie Abstand zum Geschehen. Nutzen Sie dafür die bereits im Kapitel über die Erste Hilfe beschriebenen Methoden. Um mehr zu erfahren, stellen Sie sich Fragen wie die folgenden.

Was oder wer hat Sie verletzt?
- Das Leben mit seinem Werden und Vergehen, Geburt und Tod?
- Die Veränderungen, die im Leben stattfinden?
- Staat, Institutionen, Hierarchien, Vorgesetzte?
- Mächtige, Manipulatoren?
- Menschen, die gegen Moral und Recht verstoßen?
- Erfolg und Misserfolg, das Auf und Ab des Lebens?
- Eine ganze Kategorie von Menschen (»die« Männer, »die« Frauen)?
- Eine Gruppe von Menschen?
- Handelt es sich um eine festgefügte Gruppe oder um eine eher zufällig formierte Gruppe?
- Eine einzelne Person?
- Handelt es sich um einen Rivalen oder Konkurrenten?
- Ging es um eine Position oder den Rang?
- Handelt es sich um eine Ihnen nahestehende Person?
- Ging es um Distanz und Nähe, um Selbstbestimmung und Grenzen?

Bestand die Verletzung in einer Aktivität?
- In Worten, in Gesten, in einer Handlung?
- Bestand die Verletzung in einer Unterlassung? Wurde Ihnen vielleicht etwas vorenthalten, das Sie erwartet haben, etwa Wertschätzung oder Dank?
- War die Verletzung direkt auf Sie gerichtet oder wurden Sie eher indirekt getroffen?

In welchem Zustand befand sich die Person oder die Gruppe?
- War die Person allein oder mit anderen zusammen?
- Hat sie als Einzelperson gehandelt oder als Angehöriger einer Gruppe?

- War sie auf den Kontakt mit Ihnen konzentriert oder mit etwas anderem beschäftigt?
- Befand sie sich unter Druck oder im Stress?
- War sie in einer starken oder in einer bedrohten und schwachen Position?
- Handelt es sich um eine Person, die selbst verletzt ist?

In welchem Zustand befanden Sie sich?
- Waren Sie allein oder mit anderen zusammen?
- Wurden Sie als Einzelperson verletzt oder als Angehöriger einer Gruppe?
- Waren Sie auf den Kontakt mit dieser Person konzentriert oder mit etwas anderem beschäftigt?
- Befanden Sie sich unter Druck oder im Stress?
- Befanden Sie sich in einer starken oder in einer schwachen Position?

Um welche Art Verletzung handelt es sich genau?

Um die Verletzung verarbeiten zu können und ihr auf die Spur zu kommen, ist es sinnvoll, sie konkret zu erfassen und auf ihren Kern zu reduzieren. Alles, was wir benennen, verliert auch an Kraft über uns. Es ist so ähnlich wie mit dem armen kleinen Rumpelstilzchen, das sich in Stücke reißt, als es erfährt, dass sein Name kein Geheimnis mehr ist. Eine Verletzung, die wir bezeichnen, relativieren wir zugleich.

Um welche Verletzung handelt es sich bei Ihnen? Bestimmt klären Sie das leichter, wenn Sie auf folgende Übersicht schauen.

Wurden Sie …

hintergangen   betrogen
beleidigt missbraucht getäuscht   abgewertet
benachteiligt ungerecht behandelt   belogen
verleumdet verachtet respektlos behandelt   gehasst
verleugnet im Stich gelassen   verraten
ausgegrenzt abgelehnt   übergangen   nicht beachtet
übersehen   vernachlässigt benutzt
ausgetrickst gezwungen verlassen beneidet
verschmäht   ausgenutzt manipuliert
fremdbestimmt   beschwindelt   bedroht
unterdrückt gemobbt   beschuldigt   gequält
verdächtigt   missverstanden übervorteilt
bemogelt   für dumm gehalten degradiert   für dumm
verkauft ausgeschlossen missverstanden
runtergeputzt   bemitleidet   verkannt
rausgeekelt   ausgegrenzt   enttäuscht
diskriminiert   bloßgestellt

...

Sie können auch von folgenden Begriffen ausgehen:

Missgunst   Misstrauen
Niedertracht   Schadenfreude
Ignoranz   Neid   Rache   Verleumdung
Rücksichtslosigkeit   Berechnung
Härte   Kälte   Ironie
Borniertheit   Überheblichkeit

...

Doch Vorsicht: Was Sie hier äußern, sind Vermutungen und Spekulationen. Formulieren Sie es also so, wie es auf Sie gewirkt hat, wie Sie es empfunden haben, denn mehr wissen Sie nicht!

Mit Sicherheit gibt es noch mehr Möglichkeiten von seelischen Verletzungen. Dazu gehören auch viele Formulierungen, die eine Verneinung enthalten, die mit der Vorsilbe »un-«, »miss-« oder mit einem »nicht« verbunden sind. Sie stellen das Fehlen von etwas dar, das wir erwartet oder uns gewünscht haben:

nicht liebevoll   nicht gütig

misstrauisch   undankbar   unfreundlich

Untreue   Undank   Unredlichkeit

...

Was ist kollidiert?

Zu jeder Verletzung kommt es durch eine Kollision. Erwartungen und Ansprüche oder Wünsche des Verletzten sind zum Beispiel auf das Verhalten einer anderen Person gestoßen, das ihnen widersprach. Ebenso gibt es Konflikte mit dem Leben, den Verhältnissen und so weiter. Wir mögen die Existenz von Konflikten beklagen, sie sind unbequem, doch sie haben auch etwas Gutes: Sie machen bewusst, öffnen die Augen und geben den Anstoß für Veränderungen. In der Spannung liegt zugleich die dafür erforderliche Energie. Ohne Konflikte gäbe es keine Entwicklung.

Wir stehen bei jedem Konflikt und auch bei jeder Verletzung vor einer Wahl: Leide ich weiterhin unter dem Widerspruch und unter dem Schmerz der Kollision oder nutze ich den Konflikt für meine Entwicklung? Erlaube ich, dass die Macht der Person, die mich verletzt hat, so weit reicht, dass ich weiterhin daran gebunden bleibe? Dann könnte sie meine Entwicklung behindern oder sogar ganz blockieren und zurückhalten. Wenn ich das zulasse, muss ich damit rechnen, wieder und wieder an derselben Stelle getroffen zu werden.

Wahrnehmen, was ist

Folgende Fragen können Ihnen dabei helfen, mehr Klarheit zu gewinnen. Nutzen Sie sie so, dass Sie sich nicht darin verwickeln. Einige können Sie wahrscheinlich spontan beantworten. Lassen Sie die anderen einfach auf sich wirken. Sie tragen dennoch zu einer Weitung der Sicht bei:

❑ Bestanden unterschiedliche Vorstellungen von Abstand und Nähe?

❑ Ging es um Reviere, Kompetenzbereiche, Grenzen?

❑ Ging es dem einen um die Lust am Wettbewerb und dem anderen um den Wunsch nach Geborgenheit?

❑ Und vor allem: Hat eingeschränkte oder einseitige Wahrnehmung dazu beigetragen, dass es so weit kommen konnte?

❑ Worauf war Ihre Wahrnehmung gerichtet?

❑ Haben Sie nur den anderen wahrgenommen?

❑ Haben Sie nur sich wahrgenommen und den anderen nicht?

❑ Haben Sie Ihr Verhältnis zueinander wahrgenommen?

❑ Was alles haben Sie übersehen?

❑ Zu welchem Zeitpunkt zeichnete sich bereits ab, dass es zu einer Kollision kommen würde?

❑ Gab es Möglichkeiten, der Verletzung vorzubeugen oder sie vielleicht sogar zu verhindern?

Norbert, Michaela und Max haben eins gemeinsam: Sie sind von ihren Partnern überraschend verlassen und tief verletzt worden. Norberts Sehnsucht nach großer Nähe war mit dem Bedürfnis seiner Freundin nach mehr Freiheit und einem größeren Abstand kollidiert. Er war extra in ihre Nähe gezogen und fand sich nun ganz allein in einer fremden Stadt wieder.

Michaela erkannte, dass sie sich nur noch nach ihrem Liebhaber gerichtet und ihre eigene Position und ihre Interessen aufgegeben hatte. Nachdem er ihr dreimal großzügige Geschenke gemacht hatte, half sie ihm in einer finanziellen Verlegenheit mit einer größeren Summe aus. Nun meldete er sich nicht mehr und war auch telefonisch nicht mehr erreichbar.

Max hatte sich intensiv in die Arbeit gestürzt, um seiner Frau ein schönes Eigenheim finanzieren zu können. Jetzt war sie mit einem

Motorradfahrer durchgebrannt und er saß verlassen und mit einem
Schuldenberg in dem leeren Haus.

Menschen haben unterschiedliche Vorstellungen, Wünsche und Ansprüche. Damit ist zu rechnen. Besonders heftige Kollisionen und seelische Verletzungen geschehen vor allem dann, wenn diese Gegensätze ignoriert und nicht wahrgenommen werden. Alle drei Verlassenen aus dem obigen Beispiel fragten sich im Nachhinein, ob sie die Entwicklung nicht früher hätten erkennen können. Doch bewusste Wahrnehmung war bisher kein Thema für sie gewesen.

Bewusste Wahrnehmung ermöglicht es auch, größere Zusammenhänge und eigene Verwicklungen zu erkennen: Helga fühlte sich auf einem Fest übergangen und zurückgesetzt. Gern hätte sie mehr Aufmerksamkeit gefunden, schließlich hatte sie bei der Vorbereitung viel geholfen. Durch die Wahrnehmung aus einem größeren Abstand wurde ihr bewusst: Als sie beim Gruppenfoto in die erste Reihe gestellt wurde, fühlte sie sich auf diesem Platz nicht wohl und verzog sich lieber in die letzte Reihe. Erlaubte sie sich überhaupt, beachtet zu werden? Fand die Kollision bereits in ihr statt? Bot ihr eigener innerer Konflikt vielleicht sogar die Basis dafür, dass andere sie so oft zurücksetzten?

Selbsthilfe ist begrenzt – Prophylaxe nicht
Dieses Buch ist ausdrücklich begrenzt auf das Thema der Selbsthilfe bei seelischen Verletzungen, wie sie tagtäglich immer wieder passieren und wie sie jeden treffen können. Dennoch wird sich mancher Leser fragen, ob das, was ihm geschehen ist, vielleicht bereits ein Trauma sein könnte. Bei einer seelischen Verletzung ist es geboten, sich selbst im Rahmen der eigenen Möglichkeiten zu versorgen und sich von

anderen stützen zu lassen. Bei einer Traumatisierung ist es jedoch sinnvoll, fachliche Hilfe in Anspruch zu nehmen, damit es während der Beschäftigung mit dem Erlittenen nicht zu einer Re-Traumatisierung kommt, zu einer Wiederholung und Verlängerung des Leidens und zu einer Vertiefung der Folgen.

Das griechische Wort *Trauma* heißt nichts anderes als »Verletzung«. Im psychologischen Sprachgebrauch meint »Trauma« eine seelische Erschütterung oder einen Schock durch ein Ereignis wie zum Beispiel eine Naturkatastrophe, kollektive oder individuelle Gewalt wie Folter, Überfälle, Vergewaltigungen oder Entführungen. Der Betroffene erlebt sich als hilflos und ausgeliefert in dieser äußersten Bedrohung. Seine Energie, die sich weder in Abwehr noch in Flucht entladen durfte, bleibt dann oft »eingefroren«. Ebenso kann die nervliche Anspannung des Alarmzustands seiner Sinne dauerhaft erhalten bleiben. Es kann zur Aufspaltung in einen inneren Opferteil und einen vom Täter übernommenen gewalttätigen Teil kommen, die miteinander im Konflikt stehen. Möglich ist auch die Abspaltung der Erinnerung an das Trauma, sodass der Zugang zum Erlebten nicht ohne Weiteres möglich ist – es kann sich dadurch verselbstständigen. Bei einer Posttraumatischen Belastungsstörung leiden die Betroffenen zum Beispiel daran, in »Flashbacks« von der Erinnerung kaum steuerbar überfallen zu werden, oder unter depressiver Teilnahmslosigkeit. Auch kann sie der vom Täter übernommene aggressive Persönlichkeitsanteil bedrängen und versuchen, sich seinerseits durch Weitergabe der Gewalt Entlastung zu verschaffen. Weitere Folgen können je nach Persönlichkeit unter anderem Drogensucht, Alkoholismus ebenso wie Gewalttätigkeit und Suizidgefährdung sein.

Nicht das schreckliche Geschehen allein bewirkt die Traumatisierung, sondern der innerseelische Umgang damit. Mehrere Menschen können dieselben Katastrophen oder Gräuel
erlebt haben, und doch ist nicht jeder von ihnen danach
traumatisiert. Entscheidend ist die Art und Weise, wie ein
Mensch auf das, was er erleidet, im akuten Moment reagiert
und wie er das Durchlebte danach verarbeitet.

Wer die hier vorgestellten Methoden anzuwenden lernt, sie
praktiziert und in der Folge konstruktiv mit sich selbst und
seinen Verletzungen umgeht, kann dazu beitragen, dass es
bei einschneidenden Ereignissen nicht zu einer Verselbstständigung und Abspaltung seiner Reaktion und damit nicht
zu einer Traumatisierung kommt. Die Methoden bieten Ihnen Selbsthilfe bei kleineren bis mittleren Verletzungen und
Prophylaxe zugleich.

Damit es nicht zu einer Selbstüberforderung oder gar zu einer Re-Traumatisierung kommt, sollten Sie sich an die klare
Regel halten: Beginnen Sie mit ganz kleinen Kränkungen,
bevor Sie sich irgendwann einmal an die etwas größeren
seelischen Verletzungen heranwagen. Keine Selbsthilfe
ohne Selbstverantwortung!

Informationen und Erkenntnisse aus einer Verletzung gewinnen

Jede Verletzung kann auch unter dem Gesichtspunkt der Kommunikation betrachtet werden. Damit enthält sie dann auch Informationen für uns. Noch genauer: Wir erfahren etwas über das
Leben, die Verhältnisse und den Gegenstand, um den es sich vielleicht dreht, über die Person, die uns verletzt hat, über unser Ver-

hältnis zueinander und nicht zuletzt auch über uns. Wie bereits erwähnt: Es ist niemand so unverstellt ehrlich und direkt zu uns wie ein Mensch, der sich uns in den Weg stellt und uns verletzt. Er wird für gewöhnlich mit traumwandlerischer Sicherheit unsere Schwachstellen treffen.

Auch das ist möglich: Wir erfahren, dass wir in einem Konflikt zum Leben stehen, wie es gerade ist, zu Zeitströmungen, zum Common sense, zu einem Staat oder einer Macht, einer Institution, zum Geschäftsgebaren des Arbeitgebers, dem Vorgehen des Vorgesetzten, weil unsere Werte all dem widersprechen. Dann sind wir vor einige Fragen gestellt: Wie stark sind wir? Wie wichtig sind uns unsere Ansprüche? Welche Konsequenzen ziehen wir daraus? Wie verhalten wir uns? Zerbrechen wir daran oder ist das, für das wir eintreten, stark genug, dass es uns nährt oder davor bewahrt, daran zu zerbrechen? Und welche Strategie entwickeln wir, um nicht unnötig verletzt zu werden? Wie schaffen wir es, den Kopf oben zu behalten und vielleicht sogar selbst Einfluss auszuüben?

Im Kapitel »Sich und seine ›Kerbe‹ heilen« finden Sie unter »Werte – Orientierung und Kraftquelle zugleich« mehr darüber, wie Sie sich durch Ihre Werte, für die Sie eintreten, gerade in einer schwierigen Situation stärken können.

Die Information von der Verletzung trennen

Um nicht missverstanden zu werden: Es geht hier nicht darum, Gefühle zu unterdrücken oder zur Seite zu schieben. Sie sollen und müssen zu ihrem Recht kommen. Doch für diesen Schritt brauchen Sie sehr viel innere Distanz. Es geht um die Frage, welche Aussage bleibt, wenn Sie die verletzende Form von der Information abziehen. Die Trennung fällt übrigens leichter, wenn Sie die verletzende Aussage, ob sie nun verbal, über Gesten oder über das Verhalten ausgedrückt wurde, zunächst in eine annehmbare Variante übersetzen:

Verletzendes Verhalten – verletzende Form = Information

Martina fühlt sich von ihrer heranwachsenden Tochter immer wieder einmal tief verletzt. Sie tut alles für sie, doch sie erhält keinen Dank und muss deren permanent gereizten Ton ertragen. So geht es nicht weiter, denkt sie. Martina hat schon alles Mögliche versucht. Nun probiert sie es mit der Methode, die Information von der Verletzung zu trennen. Zunächst fällt es ihr schwer, hinter dem Gemaule irgendeine eine Art von Information zu erkennen. Wenn Martina das verletzende Verhalten ihrer Tochter aber einmal abzieht und beiseite lässt, dann bleiben in bestimmten Situationen neutrale Signale übrig, die Unzufriedenheit ausdrücken. Das passiert immer dann, wenn ihre Tochter sich zu fürsorglich und als Kind behandelt fühlt oder wenn Martina als Mutter zu viel Nähe beansprucht. Ihre Tochter braucht in ihrem Alter offenbar mehr Abstand und mehr Raum für Selbstverantwortung.

Nachdem Martina sich in einem Gespräch mit der Fünfzehnjährigen darüber abgestimmt hat, wo die Grenzen in ihrem Alter liegen sollen, verbessert sich das Klima deutlich. Sie vereinbaren sogar ein neutrales Handzeichen, das die Tochter geben kann, wenn ihr etwas zu viel und zu nah wird. Es verhindert, dass sie weiterhin nach ihrer Mutter schnappt, sie seelisch verletzt und sich danach wiederum mit Gewissensbissen plagt und zur Wiedergutmachung Nähe anbietet, auf die sie im nächsten Moment wieder mit einer seelischen Verletzung gegenüber ihrer Mutter reagieren muss.

Hannes ist nicht gerade ein selbstbewusster Schüler. Das zeigt sich an seiner Körperhaltung und auch an seiner undeutlichen Sprache.

*Das wiederum führt dazu, dass er bei anderen nicht gut ankommt,
was seine Unsicherheit wiederum verstärkt. Im Französischunter-
richt äfft der Lehrer sein Genuschel beim Vorlesen vor der ganzen
Klasse nach. Hannes ist tief gekränkt. Auf dem Heimweg fährt er
mit seinem Fahrrad so wild, dass er fast einen Unfall baut. Am
liebsten würde er etwas kaputt machen. In seinem Ärger boxt er zu
Hause gegen den Pfosten des Treppengeländers. Er trifft unglück-
lich, die Hand blutet, er muss sie verbinden.*

*Der Schmerz bringt ihn zur Besinnung. Die Behandlung war ge-
mein, stellt er fest.* »*Was er ausdrücken wollte, hätte er mir auch anders verklickern können, zum Beispiel unter vier Augen.*« *Er stellt
sich das sachliche Gespräch vor. Er muss dem Lehrer recht geben,
seine Aussprache ist saumäßig. Endlich ist ihm das klar.*

*Er nimmt sich den Text, um den es ging, noch einmal vor. Und
jetzt liest er, zunächst ganz langsam und ganz deutlich, Silbe für
Silbe. Er wiederholt und verbindet die Silben phonetisch ganz exakt.
Es gefällt ihm, wie präzis und elegant der Text jetzt klingt. Er be-
kommt Freude an der Aussprache und übt noch mehr. Er meldet
sich zum Vorlesen und verblüfft den Lehrer. Das war eine glatte
Eins. Übrigens artikuliert Hannes seither überhaupt viel deutlicher.
Lehrer und Mitschüler merken, er hat etwas zu sagen.*

Doppelt verletzt

Wie auch immer die seelische Verletzung verlaufen ist, oft bleibt
sie nicht der einzige Schmerz, denn selten ist der Betroffene mit
seiner eigenen Reaktion darauf zufrieden. Die Folge kann sein,
dass er sich zusätzlich auch noch selbst verletzt. Er macht sich
zum Beispiel Vorwürfe und greift sich in seinem ohnehin schon
angeschlagenen Zustand an. Gewiss, als Verletzter gibt wohl niemand ein besonders attraktives Bild ab, insbesondere wenn er
nicht gelernt hat, mit Niederlagen umzugehen. Es wäre jedoch ein
Beweis seiner Selbstliebe, auch dann noch in Treue wie ein Freund

zu sich zu stehen. Danach ins Grübeln zu geraten und sich Vorwürfe zu machen, ist wenig hilfreich. Mit Formulierungen, in denen Verben wie »müssen«, »sollen« und vor allem Konjunktive wie »müsste« und »sollte« oder »hätte« vorkommen, wird der Druck auf sich selbst nur weiter verstärkt. Je größer der Stress, desto geringer die Fähigkeit, aus dem Geschehenen zu lernen. Doch gar nicht auf sein Verhalten in der Situation zu schauen, hilft auch nicht. Die Chance, Einsichten daraus zu gewinnen, wird verpasst, und Ruhe ist so noch lange nicht zu finden.

Die Szene im Nachhinein verändern – neues Verhalten lernen

Jedes Verhalten ist in gewisser Weise ein Lernen. Wir lernen aus jedem Ablauf, wie wir darauf mit unserem Denken, Fühlen und unserer körperlichen Befindlichkeit antworten und uns verhalten, und auch wie wir auf Außenreize, zum Beispiel eben Verletzungen, reagieren. Mit jeder Wiederholung prägen sich Muster tiefer ein. Wir entkommen ihnen gewöhnlich nur, wenn wir bewusst gegensteuern. Um den Zustand der Bewusstheit zu erreichen, brauchen wir jedoch Abstand und Zeit. Viele Verletzungen sind aber mit einem Überraschungseffekt verbunden, sodass unser altes eingespieltes Muster, mit dem wir oft nur die Kollision aufheizen oder unsere seelische Verletzung selbst weiter vertiefen, wie von selbst anspringt und abläuft.

Eine Lücke gibt es jedoch, die es uns erlaubt, unserem Netz aus alten ausgetretenen Pfade zu entkommen: Das Gehirn prägt sich nicht nur die Abläufe unseres realen Verhaltens ein, sondern ebenso die Sequenzen unseres vorgestellten Verhaltens, besonders wenn wir diese Abfolge in unserer Vorstellung häufig wiederholen.

Muster umschreiben

- Machen Sie es sich bequem. Vielleicht schließen Sie die Augen, nachdem Sie innerlich Abstand gewonnen haben. Betrachten Sie die Szene, in der die seelische Verletzung stattgefunden hat, noch einmal. Vielleicht sehen Sie sie auch auf einem Bildschirm, auf einer Bühne oder im Kino. Wenn sie Ihnen noch zu nahe geht, setzen Sie sich eben ein paar Sitzreihen weiter nach hinten.

- Danach verändern Sie die Szene. An der Person, die Sie verletzt hat, und an der Verletzung selbst können Sie allerdings nichts direkt ändern. Ihren Part können Sie jedoch durch ein angemesseneres und bewusstes Verhalten ganz nach Ihrem Wunsch ersetzen. Vielleicht ändert das auch ein wenig am Verhalten der Person, die Sie verletzt hat. Die Distanz zur Szene löst sich gewöhnlich ganz von selbst auch wieder auf, mehr und mehr geraten Sie als Betrachter zurück in Ihre eigene Rolle. Stellen Sie sich also bewusst auf die imaginäre Bühne oder nehmen Sie Ihre Position bei der Filmaufnahme ein. Agieren Sie ganz konkret wie ein Schauspieler und so, wie Sie es sich wünschen. Wiederholen Sie die Szene, wie es bei Proben und bei Aufnahmen üblich ist, bis Ihr Part »sitzt« und Ihnen gefällt.

- Wie hätten Sie sich angemessener in Ihrer Rolle verhalten, wie im Vorfeld, während der Verletzung und danach? Sie können mit konkretem Handeln und mit dem, was Sie sagen, reagieren. Darüber hinaus mit Ihrer Haltung, mit Gesten und Mimik. Und das ist fast noch wichtiger: mit Ihren Gedanken, mit Ihrer Einstellung zu sich selbst und mit Ihrem Selbstgespräch. Das alles können Sie ganz nach Wunsch verändern. Spielen Sie damit, probieren Sie Varianten aus.

Wie geht es Ihnen nach diesem Experiment? Alles, was wir erleben und wahrnehmen, hat eine Wirkung auf uns, auch das, was Sie sich soeben wiederholt vorgestellt haben.

»Trancen« – Schmerz mit Verspätung

Als Klaus vor der gesamten Abteilung zur Schnecke gemacht wird, nickt er freundlich dazu. Als er dann auch noch mit einer Aufgabe betraut wird, die sonst Praktikanten zufällt, weiß er auch darauf nichts zu erwidern und macht sich dienstbeflissen Notizen. Der Arbeitstag verläuft danach wie sonst, auch wenn Klaus nicht gerade sehr produktiv ist. Als er abends vor dem Fernseher sitzt, tauchen plötzlich Bilder und Worte vom Vormittag in seiner Erinnerung auf und bedrängen ihn. Die ganze Sitzung erscheint ihm unglaublich. Er ist empört und weiß nicht, was ihn mehr aufregt, das Verhalten des Vorgesetzten und seiner Kollegen oder sein eigenes, schließlich hat er nur Ja und Amen zu allem gesagt und obendrein noch gelächelt. Es hält ihn jetzt nicht mehr auf dem Sofa. So kann er nicht schlafen gehen. Bis spät in die Nacht tigert er durch die Vorstadt. Es wurmt ihn. Wieder einmal ist ihm so etwas passiert! Er zweifelt an sich. Kann er sich selbst überhaupt noch trauen?

Als Elsa in den Wagen steigt und ihrer Familie zum Abschied winkt, denkt sie noch »Endlich mal ein harmonisches Familientreffen!« Erst auf der Autobahn wird ihr klar, wie ihr Vater sie im Kreis ihrer Lieben wieder einmal abgewertet hat. Sie hat sogar mitgelacht über seinen Witz über Frauen in ihrem Beruf. So kann sie nicht weiterfahren. Glücklicherweise taucht bald eine Raststätte auf. Sie fährt raus, und als sie im Bistro sitzt, erkennt sie einen Zusammenhang. Wieder einmal ist passiert, was sie bereits aus Kindertagen kennt: Während ihr Vater seinen Söhnen alles Mögliche zutraut, zweifelt er die Tüchtigkeit seiner Tochter stets an. Er belächelt ihren Ehrgeiz und ist auch heute noch nicht bereit, ihre Leistung anzuerkennen. Sie hat es nicht einmal bemerkt und sich nicht dagegen verwahrt. Jetzt trifft der Schmerz sie umso stärker.

Viele Menschen kennen das: Sie werden verletzt und nehmen es nicht wahr. Erst später dämmert ihnen, was ihnen geschehen ist. Manchmal beträgt die Verzögerung ein paar Minuten, manchmal ein paar Stunden, es können sogar Tage sein. Und wer weiß, vielleicht gibt es seelische Verletzungen, die vom Opfer nie erkannt werden? Mancher wirft sich Versagen vor oder Feigheit, weil er nicht angemessen auf die Verletzung reagiert hat. Und das macht alles nur noch schlimmer! Doch es geht nicht um Feigheit oder Versagen, sondern um Wahrnehmung. Die Benommenheit von Klaus und Elsa ist einer Art von Trance zuzuschreiben, einem Zustand eingeschränkter Bewusstheit, bei dem die Wahrnehmung gegenüber bestimmten Themen und Reizen wie ausgeschaltet erscheint. Die Trance kann im Moment der Verletzung unwillkürlich ausgelöst werden, oft setzt sie auch schon im Vorfeld ein, wenn eine Situation als potenziell verletzlich wiedererkannt wird.

Diese merkwürdige Art von »Betäubung« bewirkt, dass der Betroffene in dem konkreten Moment seine Verletzung nicht wahrnimmt und keinen Schmerz verspürt. Wer als Erwachsener diese Art von Trance erlebt, kann sie meist bis in seine Kindheit zurückverfolgen. Sie schützt das Kind, das sich oft nicht gegen Abwertung und Kränkung wehren kann. Und wie sollte es sich auch gegen Verletzungen durch seine Eltern wehren, wenn sein Überleben doch von ihnen abhängt? Eine solche Trance schützt vor seelischem Schmerz und vor Konflikten, die ein Kind nicht lösen kann. Sie reduziert die Widersprüchlichkeit seiner Welt, die es überfordern würde. Eine Trance erfüllt damit eine Funktion im Sinne des Überlebens. In späteren Jahren wirkt sie sich jedoch zunehmend als Hemmnis aus.

Zurück zu Klaus. Er kennt Situationen, in denen er kritisiert und abgewertet wird, schon seit seinen frühen Jahren. Auch Elsa kann auf eine lange Geschichte zurückblicken, in der es immer darum ging, dass ihr Vater ihr nichts zutraut und sie lieber in der Rolle seines kleinen Püppchens sieht, das er gar zu gern behüten und verwöhnen möchte. Für diejenigen, die nach Verletzungen wiederholt in den Zustand einer Trance geraten, lohnt es, sich ihr Muster bewusst zu machen, um es rechtzeitig erkennen und auflösen zu können.

Das Trancemuster erkennen

- Wenn Sie Trancen erleben, erinnern Sie sich an Situationen, in denen sie eingetreten sind:
- Um welche Verletzungen ging es, die Sie »dank« der Trance erst mit Verspätung gespürt haben? Zählen Sie die Situationen auf, die Ihnen einfallen.
- Gibt es Ähnlichkeiten zwischen diesen Beispielen? Worin besteht die Gemeinsamkeit? Ging es immer um dasselbe oder um ein ähnliches Thema? Besteht die Gemeinsamkeit in der Ähnlichkeit der Situation oder des Rahmens, in der die Verletzung stattfand?
- Waren Sie zum Beispiel allein mit der Person, die Sie verletzt hat, oder waren Sie mit anderen zusammen? Hat die Verletzung vor anderen oder gar in der Öffentlichkeit stattgefunden?
- War es immer dieselbe Person oder eine Person des gleichen Typs, die Sie verletzt hat? Waren es Männer oder Frauen, ältere, gleichaltrige oder jüngere? Waren es Gruppen oder einzelne Personen?
- Welche anderen Gemeinsamkeiten fallen Ihnen vielleicht sonst noch auf? Je mehr Gemeinsamkeiten Sie entdecken, desto besser, denn damit wird Ihnen bewusst, was Ihre »Betäubung« auslöst, und können künftig schon im Vorfeld wachsam sein.

Zurück zu Elsa in der Autobahnraststätte. Ihr wird klar, dass es sich entweder um ihren Vater handelte oder um einen älteren Mann, der sie an ihren Vater erinnert, zum Beispiel um einen Lehrer oder um einen Vorgesetzten. Stets waren sie wohlwollend, aber sie würdigten Elsas Anstrengungen, ihren besonderen Ehrgeiz und Einsatz nicht und trauten ihr im Vergleich zu ihren Brüdern, zu Mitschülern oder Kollegen weniger Leistung zu. Jetzt wird Elsa klar, bei welchen Begegnungen sie besonders auf der Hut sein muss. In den entsprechenden Zusammenhängen hilft es, immer wieder Abstand zur Situation zu nehmen, um im Auge behalten zu können, was gerade passiert. Für den nächsten Schritt braucht Elsa mehr Zeit und eine sichere und vertraute Umgebung.

Die Trance entlarven, schwächen und auflösen

Auch wenn diese Technik zur Selbsthilfe, die von Stephen Wolinsky stammt, zugegebenermaßen sehr anspruchsvoll ist und vielleicht nicht jedem gleich auf Anhieb gelingt, möchte ich sie Ihnen (in einer vereinfachten Form) nicht vorenthalten, denn ich halte sie für sehr wirksam. Seien Sie also besonders geduldig und versuchen Sie entspannt dabei zu bleiben. Vielleicht kommen Sie auch erst später oder immer wieder einmal darauf zurück.

Beim Erkennen und Auflösen von Trancen spielt insbesondere die bewusste Wahrnehmung des Körpers eine entscheidende Rolle. Wenn Sie sich in der Beschreibung der Trancen wiedererkennen sollten, lassen Sie sich überraschen, welche körperlichen Zustände Ihnen dabei bisher verborgen geblieben sind.

Trancen auflösen, Teil 1

A

B

Neutraler
Ausgangsbereich

- Sie befinden sich zunächst in der neutralen Ausgangssituation. In der Position A (markiert durch einen Zettel auf dem Fußboden oder durch einen Stuhl) begeben Sie sich in den Zustand der Trance. Das gelingt Ihnen ganz ohne Anstrengung durch das lebhafte Sich-Erinnern und Sich-Hineinversetzen in die damalige Situation.
- Sie gehen langsam und ausführlich durch Ihren Körper und machen sich bewusst, was alles zu diesem Zustand gehört. Dabei ändern Sie noch nichts, auch wenn Ihnen während dieses Experiments bewusst werden sollte, wie unangenehm dieser Zustand ist. Beginnen Sie bei den Füßen, von dort geht es allmählich aufwärts bis hin zum Kopf.
- Dabei helfen Ihnen zum Beispiel Fragen wie diese: Wie fühlen sich Ihre Füße an? Spüren Sie sie überhaupt? Wenn ja, sind sie schwer oder leicht? Sind sie kleiner als sonst oder größer? Kälter oder wärmer? Angespannt? Schlaff? Kraftvoll? Kraftlos? Womit könnten Sie Ihre Füße vergleichen (Beton, Blei, Luft …)? Sie machen sich also die Befindlichkeit Ihrer Füße bewusst.
- Weiter geht es mit entsprechenden Fragen zu Ihren Beinen: Können Sie Ihre Beine spüren? Sind Sie kürzer als sonst oder länger? Dicker oder dünner? Schwach oder kraftvoll?
- Wie fühlen sich Gesäß und Unterleib an?
- Weiter geht es zum Bauchraum, der besonders wichtig ist,

- zum Zwerchfell, das den Bauchraum vom Brustraum trennt,
- zu Wirbelsäule, Brustraum, Atmung, Schulter- und Nackenbereich, zu Armen und Händen, zum Hals, zum Kopf.
- Wie sehen Sie in diesem Zustand? Eingeschränkt, eng, weit?
- Wie hören Sie? Klar, dumpf, diffus, verschwommen?
- Wie ist Ihr Denken? Klar, schnell, verlangsamt, wirr, im Kreis, springend, mühsam, gar nicht vorhanden?
- Gehen Sie noch einmal Ihren Körper durch. Machen Sie sich alle Besonderheiten im Vergleich zum Normalzustand bewusst, und merken Sie sich, was Sie herausgefunden haben.
- Kennen Sie diesen Zustand?
- Ist er angenehm?
- Dann treten Sie aus dieser Situation wieder zurück in Ihre neutrale Ausgangsposition und schütteln beim Übergang dorthin alle diese Anspannungen aus Ihrem Körper. Vielleicht bewegen Sie sich auch darüber hinaus ein bisschen, machen ein paar Gymnastikübungen, entspannen sich kurz, treten hinaus auf Ihre Terrasse oder Ihren Balkon. Betrachten Sie sich von außen, wie Sie sind, wenn Sie in den Trancezustand fallen.

Trancen auflösen, Teil 2

- Begeben Sie sich nun auf die Position B. Dort bauen Sie sich den Zustand, den Sie sich in der Position A schon bewusst gemacht haben, Schritt für Schritt, gewissermaßen »trocken« zusammen. Das geschieht, ohne dass Sie sich erneut hineinversetzen in die ursprüngliche Situation und ohne sich lebhaft an sie zu erinnern. Es geht nur um denselben körperlichen Zustand, den Sie bewusst von den Füßen bis zum Kopf »konstruieren«. Sie nehmen die gleiche Haltung wieder ein und stellen alles im Detail nach.
- Gehen Sie danach zurück ins Neutrale und lassen Sie dabei die Befindlichkeiten Ihrer Trance hinter sich. Falls Sie sie noch spüren, schütteln Sie sie von sich so wie vorhin.

- Wiederholen Sie diesen zweiten Teil nun mehrfach. Gehen Sie immer wieder auf Position B und verstärken Sie den Zustand dort so weit, wie Sie es gut aushalten. Reduzieren Sie ihn danach soweit es geht, um ihn dann erneut zu verstärken. Spielen Sie gewissermaßen mit diesem unangenehmen Zustand. Anschließend gehen Sie wieder in die neutrale Position und befreien sich durch Bewegung.

Wie geht es Elsa damit? Sie spürt in der ihr vertrauten »Betäubung« ganz kleine und kalte, schwache Füße. Also stellt sie diesen Eindruck auf Position B wieder her. Sie tut das dadurch, dass sie sich an den Zustand ihrer Füße erinnert und ihn so wieder erlebbar werden lässt. Ihre Beine empfand sie als ganz kurz. Auch das rekonstruiert sie. Sie hat Spannung in ihrem Unterleib gespürt und einen schweren Klumpen, der sie an Beton erinnerte, in ihrem Bauch. Auch war ihr Zwerchfell ganz verspannt. Sie hat kaum geatmet. Angespannt war auch ihr Schultergürtel. Die Arme waren schwach, die Hände kalt und schwitzig. Der Kopf kam ihr schwer vor. Das Denken hatte aufgehört. Sie sah nur verschwommen, sie hörte alles wie aus weiter Ferne.

So erlebte Elsa ihre Trance. Es mag sein, dass es bei Ihnen ganz anders ist. Vielleicht fällt Ihnen auch nachträglich noch etwas auf. Elsa entdeckte zum Beispiel, dass ihr Mund in ihrem Trancezustand zusammengezogen war und sie einen bitteren Geschmack empfunden hatte.

Elsa bringt also im zweiten Teil der Übung ihre Füße mehrfach in diesen besonderen Zustand, sodass sie sich wieder so anfühlen. Mit ihren Beinen macht sie es ebenso, und so weiter. Sie vergisst auch nicht, ihren Mund zusammenzuziehen, und irgendwie hat sie am Ende auch diesen Geschmack auf der Zunge. Ein unangenehmer Zustand.

Danach verlässt sie jedes Mal die Position B, sie geht zurück ins

Neutrale und versucht diesen Zustand hinter sich zu lassen und frei davon zu werden, durch Bewegung, durch Recken und Strecken. Sie baut ihre Trance mehrfach auf und löst sie immer wieder. Sie spielt damit, versucht diesen Zustand zu steigern, bis sie es kaum noch erträgt, und dann wieder zu reduzieren. Sie bemerkt auch, dass die Trance bei jeder Wiederholung etwas mehr an Intensität verliert, bis es ihr fast nicht mehr gelingt, denselben Zustand wie zu Anfang zu erreichen.

Dieses Experiment ist paradox. Der Zustand der Trance wird bewusst und mit Absicht herbeigeführt, auch wenn ihn kein Mensch gern hat oder gar anstrebt. Durch die Wiederholungen wird diese Trance mehr und mehr bewusst. Sie verliert dabei jedes Mal auch ein wenig mehr von ihrer Macht über uns. Darüber hinaus bauen wir durch das Üben einen Widerwillen gegen diesen Zustand auf. Am Ende ist die Trance deutlich schwächer. Wenn sie wieder einmal einsetzen sollte, erkennen wir sie rechtzeitig und haben es dann außerdem mit einer abgeschwächten Form zu tun.

Wer seine Trance auflösen will, kommt um die gründliche Wahrnehmung seines Körpers nicht herum. Nur so lernt er die Trance kennen und ist in der Lage, rechtzeitig zu entdecken, dass sie eingesetzt hat. Das ist die Voraussetzung, um sich davon lösen zu können. Später eignet sich eine einfachere Version zur Auflösung:

Die (bereits abgeschwächte) Trance auflösen

- Stellen Sie sich vor, Sie setzen sich in einen sprudelnden Whirlpool und entspannen sich darin. Lassen Sie das Bitzeln, das Sie zunächst nur auf der Haut spüren, mehr und mehr in Ihren Körper eindringen, sodass sich die Anspannung der Trance auflösen kann in fließende Energie.

Auch ohne Trance ist diese Vorstellung äußerst angenehm. Sie erfrischt und belebt, sie schenkt Spannkraft und ein Gefühl innerer Freiheit.

Klaus hat beim Experimentieren mit dieser Methode erkannt, dass seine Trance bereits dann beginnt, wenn sein Chef einen kritischen und strengen Gesichtsausdruck aufsetzt. Er berichtet, dass er die Technik daraufhin vor einer Sitzung angewendet und sie währenddessen mehrmals unauffällig wiederholt hat. Überraschend findet er, dass er in dieser Sitzung nicht zur Zielscheibe wurde. Er fragt sich, ob die Trancezustände an sich dazu beigetragen haben könnten, dass er so viel einstecken musste. Das sind Spekulationen, aber sicher ist, auch wenn wir gar nichts sagen, kommunizieren wir und strahlen etwas aus, ob wir es wollen oder nicht. Und darauf reagieren wiederum die anderen. Auf eine Person in einer Trance sprechen Mitmenschen anders an als auf jemanden, der wach und bewusst auftritt und in der Lage ist, sich zu behaupten und seine Interessen zu vertreten. Er eignet sich weniger gut für die Rolle des Blitzableiters. So tragen am Ende Trancen mit dazu bei, dass es überhaupt zu manchen Verletzungen kommt. Elsa findet es interessant, dass sie früher bereits in Trance geriet, wenn ihr Vater ihren Bruder auf seine beruflichen Pläne ansprach.

Stephen Wolinsky, auf den das Thema dieser Trancen und die vorgestellten Techniken zur Auflösung zurückgehen, nennt seine Arbeit »Quantenpsychologie«. Inzwischen reklamieren diesen Begriff allerdings auch andere Therapeuten für sich. Wenn Sie wiederholt Trancen erleben und Ihnen die Methode selbst nicht gelingen sollte, empfiehlt es sich, tiefer einzusteigen und die Bücher von Stephen Wolinsky zu lesen oder sich einen von ihm ausgebildeten Psychotherapeuten zu suchen, der mit seiner Form der Therapie arbeitet.

Prophylaxe – der Trance zuvorkommen

Die Methode eignet sich auch zur Vorbeugung, wie folgendes Beispiel zeigt: Thomas ist frischgebackener Student und neu in Göttingen. Er betritt eine Kneipe und stellt sich in den Schankraum. Es ist ziemlich voll, die Bedienung übersieht ihn wiederholt. Alle haben etwas zu trinken, nur er schafft es nicht, etwas zu bestellen. Er nimmt an sich diesen Zustand wahr, der ihm schon seit seiner Kindheit vertraut ist. Er fühlt sich wieder »grau«, wie er es nennt, und wird gewissermaßen fühllos. Er schaut an sich runter. Vielleicht trägt er das Falsche. Er kann sich seinen Gesichtsausdruck vorstellen, den er jetzt hat. So mag er sich selbst nicht einmal. »Die wollen mich hier nicht«, sagt er sich und geht nach einiger Zeit vergeblichen Wartens nach Hause. Er erlebt sich als energielos, doch die vermeintliche Zurückweisung tut nicht einmal weh.

Eine typische Situation: Der dumpfe Zustand, der eintritt, wenn er den Eindruck hat, ausgegrenzt zu sein, ist ihm vertraut. Er ist begleitet von eingeschränkter Wahrnehmung, auch sein Denken ist blockiert, die Gedanken wiederholen sich, seine Stimmung sinkt. Er fühlt nichts, er spürt sich nicht mehr. Thomas muss nicht einmal wissen, wann er zum ersten Mal in einen solchen Zustand der Trance gekommen ist, es reicht, dass er sich an eine Kette von Erlebnissen erinnern kann, die alle etwas gemeinsam haben: Immer geht es um sein Bemühen, Anschluss zu finden, und um Zurückweisung. Wenn ihm dieser Anschluss nicht sofort gelingt, rutscht er in einen fühllosen Zustand, in dem er sich als abgelehnt erlebt und in dem es ihm auch gar nicht gelingen könnte, Kontakt aufzunehmen. Der restliche Tag ist dann für ihn gelaufen.

Thomas wendet die Methode zur Tranceauflösung zunächst im Nachhinein an. Er geht in Ruhe seinen Körper durch, wie zuvor beschrieben, und löst den Zustand auf. Am nächsten Abend hält er es nicht länger allein in seinem Zimmer aus, er möchte ausgehen. Er zieht sich sein neues Hemd an und blickt noch einmal in den Spiegel – er möchte gut aussehen. Dabei macht er eine unliebsame Entdeckung: Bereits jetzt befindet er sich wieder in seinem »grauen« Zustand, in seiner Trance! Er nimmt sich die Zeit, sie sogleich aufzulösen. Auf dem Weg gerät er dann abermals in diesen Zustand. Auf einer Parkbank macht er die »Whirlpool«-Übung und löst das »Grau« in sich auf. Beim Betreten der Kneipe spürt er es erneut. Inzwischen kann er die Trance auch im Stehen auflösen. Und was passiert? Heute gelingt es ihm, ein Bier zu bestellen, und er kommt mit einem Kommilitonen ins Gespräch, den er aus einem Seminar vom Sehen kennt. Ein Erfolgserlebnis für ihn. Der Anfang ist gemacht.

Unverheilte Wunden wirken

Der verbreitete Umgang mit seelischen Verletzungen und Kummer führt dazu, dass sich früherer Schmerz in uns oftmals nicht auflösen konnte. Dann ist der Verletzte, der wir damals waren, immer noch nicht beachtet worden. Zu dem Schmerz der Verletzung kam der Schmerz hinzu, verlassen worden zu sein – im Stich gelassen von uns selbst. So lebt diese »Seite« abgetrennt von uns und isoliert in uns vor sich hin. Manchmal kommen wir mit diesem Gefühl und dem Zustand, verletzt, verlassen und verraten worden zu sein, in Berührung. Doch wir tun für gewöhnlich alles, um diese Anwandlung zu übertönen, und übergehen den Schmerz erneut. Dann schalten wir die Musik an, lauschen den Nachrichten, obwohl wir sie heute schon dreimal gehört haben, essen Süßes oder trinken noch einen Kaffee oder einen Schluck Wein, begeben uns in den Trubel von Einkaufzentren, obwohl Garderobe und Kühlschrank schon voll sind. So sind wir ständig auf Achse, um dem Schmerz zu entkommen. Wir verleugnen ihn ein weiteres Mal und begehen erneut Verrat an dem Verletzten in uns.

Doch Schmerz und Verlassenheit wirken in uns. Sie legen sich über unser vorgebliches Lächeln und stören unseren Spaß. Trotz der vielen Ablenkungen und Kontakte fühlen wir uns leer und einsam. Der Schmerz und die Verlassenheit können auf die Dauer nicht übertönt werden. Sie gewinnen sofort die Oberhand in uns, wenn etwas schiefläuft oder wenn wir erneut verletzt werden. Und das kann leicht geschehen. Die schlecht vernarbten Kerben ziehen immer wieder Verletzungen an. Sie reagieren empfindlich und reizbar, sodass der alte Schmerz sich immer wieder erneuern kann. Wenn sie auch nur ein wenig berührt werden, spüren wir das auf unverhältnismäßige Weise. Ein kleiner Anlass hat den alten Schmerz geweckt. Werden wir ihn abermals zur Seite drücken? Werden wir von ihm übermannt? Oder haben wir den Mut, ihn wahrzunehmen? Wenn wir ihn zulassen und auflösen, können unsere Gefühle wieder frei werden für das, was jetzt ist, für das Glück, wenn wir allen Grund dazu haben, für die Trauer, wenn auch dafür Anlass besteht. Unsere Gefühle wirken dann wie feine Seismografen, sie geben uns wichtige Hinweise zu unserer Selbstregulation. Denn eins kann der Kopf, der die meisten Menschen in unseren Breiten ganz allein beherrscht, nicht: Er weiß zwar viel und ist sehr vernünftig, doch er ist nicht in der Lage, tatsächlich für unser Glück zu sorgen. Um das zu erreichen, brauchen wir auch unsere Gefühle. Doch wie sollten sie sich jetzt mit Glück und Freude beschäftigen, wenn sie immer noch im Schmerz der Vergangenheit verstrickt und gar nicht im Heute angekommen sind?

Schauen wir in die Gesichter in unserer Umgebung, vielleicht morgens in der U-Bahn, in Wartezimmern und Cafés. Viele von denen, die wir dort erblicken, hätten eigentlich Grund zur Freude, zu Glück und Zufriedenheit. Doch wie viel Bedrücktheit können Sie in ihren Mienen erkennen, Enttäuschung und Schmerz, Verbitterung und Verhärtung! Nicht nur dass sich die Lebensgeschichte im Gesicht darstellt. Ein Gesicht zeigt noch viel mehr, nämlich wie und mit welcher Haltung ein Mensch mit seinem Leben und auch mit dem Leid, das ihm geschehen ist, umgegangen ist, seine Haltung zu Vergangenem und zu Gegenwärtigem.

Manche haben den Eindruck, ihr aktueller seelischer Zustand sei von der Last vergangener Verletzungen bestimmt, obwohl sie doch jetzt nach aller Logik eigentlich glücklich und zufrieden sein müssten. Für sie ist es sinnvoll, mutig zurückzuschauen auf die eigene Vergangenheit und vor allem auf die Seite der eigenen Geschichte, die vielleicht eine lange Kette von Verletzungen ist. Erst

Unverheilte Wunden wirken

dann können die alten Wunden endlich versorgt werden, damit sie heilen. Doch ein Erinnern, so wie man es bisher gewohnt war, hilft dabei meist nicht weiter. Im Gegenteil, damit liefe man Gefahr, nur das zu wiederholen, was man auch vorher schon gesehen und erkannt hatte. Man könnte die alten Schlüsse erneut ziehen und die alte Haltung verfestigen, die bisher schon nicht weitergeholfen haben. Und vor allem würde nur der alte Schmerz belebt werden.

Wie sich das Alte ständig erneuert

Jeden Morgen, wenn wir aufwachen, könnten wir eigentlich ganz neu in den Tag starten. Wir könnten einmal andere Seiten, die wir auch noch haben, ausprobieren und leben. Wir könnten ganz unvoreingenommen an alles herangehen. Wir könnten auch uns selbst mit neuen Augen sehen und Neues an uns entdecken, das wir bisher übersehen hatten. Ebenso könnten wir die Welt oder die Menschen, die uns nahe sind, so betrachten, als sähen wir sie zum ersten Mal.

So abwegig ist das Ganze nicht. Wir sind vielfältiger, als wir denken. Andere Lebenssituationen und Umstände rufen andere Seiten in uns wach. Für einen Schauspieler ist das – mit gewissen Einschränkungen – Berufsalltag. Er schlüpft tatsächlich in seine neue Rolle, betrachtet alles aus ihrer Perspektive, füllt sie aus mit Leben, spricht und handelt aus ihrer Position. Wenn es sich um Improvisation handelt, dann geht es nicht einmal um eine feste und einstudierte Rolle. Er bringt dieses Spiel aus sich selbst hervor, also müssen Eigenschaften dieser Person auch in ihm existieren. Und dennoch unterscheiden sich diese Möglichkeiten seiner Person von dem Menschen, der später aus dem Bühneneingang wieder herauskommt und den wir als den Schauspieler XY erkennen. Auch beim Karneval steigt ein Mensch in eine andere Rolle und genießt es, dieser anderen Seite in sich zum Leben zu verhelfen. Das wirkt befreiend und macht Spaß.

Da jeder Mensch über unterschiedliche »Seiten« in sich verfügt – eigentlich Verarbeitungsmuster von Reizen und Informationen –, kann es sein, dass einzelne davon miteinander im Konflikt liegen. Da will zum Beispiel eine Seite eine andere dominieren und gar nicht zum Zuge kommen lassen. Die wiederum wartet vielleicht nur auf einen schwachen Moment ihres Unterdrückers, um dann hervorzubrechen und ihrerseits die Hauptrolle zu spielen. Um solche inneren Konflikte aufzulösen, werden Rollenspiele und Dialoge therapeutisch eingesetzt, um die Seiten bewusst zu machen, miteinander zu versöhnen und zu integrieren. Der Klient erkennt dadurch seine weiteren Möglichkeiten und die Relativität seines gewohnten Ichs und seiner Sichtweisen. Er kann wählen, dosieren und zum Dirigenten seiner Möglichkeiten werden.

Es ginge also darum, alles einmal ganz anders anzugehen. Doch auch wenn wir es uns wünschen, springen wir nicht so einfach in den neuen Tag und in die neu erkannten Möglichkeiten unserer Person, selbst wenn wir diese anderen Seiten und die daraus folgenden freieren Denkweisen, Gefühle und Befindlichkeiten in einer Therapie schon einmal entdeckt haben. Die alte Identität, die wir Jahrzehnte lang eingenommen haben, ist meist stärker. Rasch sind wir wieder die Alten und in der gewohnten Spur. Wir erzählen uns die alten Geschichten. Die altbekannte Identität hat uns wieder.

Nur nicht zu komplex, nur nicht immer neu

Es gibt eine Art Prinzip der Ökonomie und Vereinfachung in unserem Gehirn, das sich auf unser Denken und unsere Wahrnehmung auswirkt. Es möchte uns die Welt, in der wir uns zurechtfinden müssen, so einfach wie möglich gestalten und ihre Kompliziertheit weitgehend reduzieren. Es ist leichter und damit auch ökonomischer für uns, das Gewohnte wiederzuerkennen, in dem wir uns bereits zurechtfinden, als ständig alles wie zum ersten Mal zu betrachten und uns immer wieder ganz frisch mit allem auseinanderzusetzen. Das gilt auch für den Blick auf uns selbst. Also sorgt unsere Wahrnehmung für die ständige Wiederherstellung unserer gewohnten und bereits bestehenden Bilder. Darum sehen wir oft nur das, was wir immer schon gesehen haben. Fehlendes wird notfalls ergänzt und Neues übersehen, wenn es nicht allzu sehr ins Auge sticht oder wir nicht buchstäblich darüber stolpern. Auch nutzt das Gehirn lieber die alten schon bestehenden Verbindungen, als dass es jedes Mal alles ganz von Neuem erkundet und durchdenkt. Das geschieht sogar dann, wenn wir unter dem Gewohnten leiden und uns um Veränderung bemühen, wie zum Beispiel in einer Therapie oder beim Lesen eines Buches. Es ist letzten Endes unser auf Ökonomie bedachtes Gehirn selbst, das uns vor zu viel Komplexität und Veränderung bewahren will. Diesem Gegner, der es auf seine Weise »gut« mit uns meint, entgehen wir nicht so leicht. Die Aufgabe, sich selbst zu verändern, gleicht einmal mehr dem Abenteuer des Barons von Münchhausen, der sich bekanntlich am eigenen Schopf aus dem Sumpf gezogen hat: Wir versuchen mit unserer Wahrnehmung und unserem Denken, uns selbst aus den Gewohnheiten und Mechanismen unserer Wahrnehmung und unseres Denkens zu befreien.

Selbstverständlich haben auch unsere Mitmenschen großes Interesse an stabilen Verhältnissen. Und dazu zählt eben auch, dass sie mit uns als der Person rechnen wollen, die wir für sie bereits waren. Und wir selbst? Wir tragen auch aktiv dazu bei. Wir erzählen uns zum Beispiel immer wieder dieselbe Geschichte davon, was wir erlebt haben und wer wir sind. Das nennen wir Erinnerung. Auch damit erhalten wir die Vorstellung von uns aufrecht, auch wenn sie sich von Mal zu Mal mehr von dem löst, was tatsächlich stattgefunden haben mag. Wir blicken auf die Pillen auf dem Nachttisch, und schon wiederholen wir die ganze Kranken-geschichte und erinnern uns an die Diagnose. Es kann sein, dass wir die Besserung in der Beweglichkeit unseres Knies gar nicht wahrnehmen. Wenn wir nach unserem Ergehen gefragt werden, wiederholen wir, was wir gestern auch schon gesagt haben. Wir sagen es nicht nur unserem Nachbarn, sondern erzählen es auch uns selbst in unserem Selbstgespräch. Wir glauben es, halten es für wahr. Dass wir damit zur Wiederherstellung unseres Leidens beitragen, erahnen wir nicht.

Bei der Arbeit sehen wir wieder den Abteilungsleiter, das löst in uns eine bestimmte Art zu denken, zu fühlen und uns körper-lich zu befinden aus. Und schon reagieren wir darauf wieder in der gewohnten Weise, wir machen uns Druck, verlieren die Lust an der Arbeit, denken an die Frühpensionierung, was wiederum nur dazu führt, dass wir noch weniger motiviert sind und noch mehr unter der Arbeit leiden, die uns doch früher einmal Spaß gemacht hat. Wenn wir nach Hause kommen, sieht unser Partner unser Gesicht, was wiederum in ihm etwas auslöst, und das wie-derum wirkt auf uns zurück und zeigt sich an unserer Haltung, unserem Gesichtsausdruck, an unseren Gesten. Und schon geht es weiter wie bisher, obwohl wir doch neulich in dem Gespräch so gute Vorsätze entwickelt hatten … Wir stecken also in einer Art Käfig. Dieser Käfig aber ist eigentlich in unserem Kopf, im einge-schränkten Wahrnehmen und den darauf basierenden ausgela-latschten Trampelpfaden unseres Denkens. Die Gitterstäbe des Käfigs, das sind unsere Gewohnheiten und unsere Geschichten, die wir einmal begonnen haben, uns zu erzählen, und die viel-leicht längst nicht mehr wahr sind und die wahrscheinlich schon immer sehr einseitig waren. Doch sie wirken.

Erinnerungen sind relativ

Wer Geschwister einzeln nach ihren Eltern fragt, dem erzählen sie oft so Unterschiedliches, dass es sich anhört, als hätte jeder von ihnen ganz andere Eltern gehabt. Einige Fakten stimmen überein, doch für den einen war der Vater geizig, für den anderen großzügig. Die Mutter war für den einen streng, für den anderen verständnisvoll und gütig. Auch von einem Umzug, den alle Geschwister miterlebt haben, wird Unterschiedliches berichtet. Was hat sich dem einen eingeprägt, was dem anderen? Was wurde unterschlagen, was vergessen? Was wurde hinzugefügt, was wird betont, in welches Licht wird es gestellt?

Erinnern ist immer auch ein kreativer Akt. Da wird ein ganzer Tag in drei Minuten zusammengefasst, eine langjährige Leidensgeschichte vielleicht in einer Viertelstunde. Wer etwas erzählt, hat gewöhnlich auch ein Konzept, eine Sichtweise, nach der er wahrnimmt und etwas für wichtig und erzählenswert hält. Er hat eine Idee vom Leben, von den anderen Menschen und von sich selbst. Wer etwas erzählt, hat immer auch eine Absicht, und sei es bloß die, den Zuhörer nicht zu langweilen. Wer etwas erzählt, stellt sich selbst dar, ob er es will oder nicht. Und ebenso stellt er sein Verhältnis zu dem dar, worüber er berichtet. Ebenso spielt das Verhältnis zum Zuhörer eine Rolle dabei. Ein Mensch berichtet über ein und denselben Vorfall einem Vertrauten anders als dem Vorgesetzten oder einem Richter. Jede Geschichte ist also eine Inszenierung.

Und auch die Geschichte, die wir uns immer wieder von uns selbst berichten, ist eine Konstruktion. Auch was die Dinge um uns herum und was unsere gewohnte Wahrnehmung und Bewertung uns ständig erzählen, ist so ein »Machwerk«. Wir neigen dazu, das, was wir uns erzählen, mit dem zu verwechseln, was tatsächlich stattgefunden hat. Erinnerung ist auch nicht statisch, sondern unterliegt ständigen Veränderungen. Mehr und mehr entfernt sie sich von dem, was stattgefunden hat. Wenn wir von Vergangenem erzählen, erinnern wir uns kaum noch an das Ereignis, sondern an das, was wir zuvor schon darüber erzählt haben. Je öfter wir unsere Geschichte erinnern, desto mehr glauben wir sie. Wir halten sie für wahr. Aus solchen Geschichten bauen wir das, was wir unsere Identität nennen. Was wir erinnern und wie wir es uns erzählen und erneut ins Bild setzen und wahrnehmen, hat immer auch eine Wirkung auf uns. Suggestiv bestätigt es unsere Programme, Konzepte und Erwartungen. Es wirkt auf unser Denken zurück, auf unsere Gefühle und unsere körperliche Befindlichkeit. Unsere Geschichten prägen uns!

Wie aus Verletzungen Erfahrungen werden

Ein merkwürdiger Begriff: Erfahrung. Wir sehen einen Mann in reifen Jahren vor uns, der viel in der Welt herumgekommen ist und nun davon zu berichten weiß. Vielleicht ist er ein »Fahrensmann«, ein Seemann, der die Welt bereist und viel erlebt – erfahren – hat. Doch das, was er erzählt, wären dann einfach nur Berichte über seine Fahrten, wie es in anderen Gegenden der Welt zugeht, über Bräuche und Sitten anderer Völker. Erfahrung meint im Sprachgebrauch jedoch mehr: Eine Erfahrung ist der Schluss, den ein Mensch aus dem zieht, was er erlebt hat. Es kann sogar sein, dass mehrere Menschen am selben Ort das Gleiche erlebt haben, und dennoch kann jeder von ihnen eine andere Erfahrung gemacht haben, jeder von ihnen kann sich einen anderen Reim darauf gemacht haben. Dementsprechend wird jeder etwas anderes davon berichten und andere Schlüsse daraus ziehen. Erfahrungen »macht« ein Mensch. Dasselbe Geschehen kann also zu ganz unterschiedlichen Erfahrungen führen. Sie sind nicht automatisch oder ganz von selbst da. Deshalb hat jeder also einen gewissen Einfluss auf seine Erfahrungen, auch im Nachhinein. Das tatsächliche Ereignis, das zu den Erfahrungen führt, kann er weit weniger beeinflussen.

Unverheilte Wunden wirken

Nehmen wir einen schrecklichen Einsatz im Krieg. Die Soldaten wurden dazu abkommandiert. Wie durch ein Wunder konnten sie überleben und den Kessel, in dem sie eingeschlossen waren, lebend und ohne große Verwundungen verlassen. Das war das gemeinsam Erlebte. Und doch hat jeder von ihnen aus den erlebten Gräueln eine andere Erfahrung gemacht. Der eine hat den Schluss daraus gezogen, dass Menschen Bestien sind. Er hat nie wieder einem Menschen vertraut. Einsam geht er mit seinem Hund durch das Dorf, ab und zu sieht man ihn allein an einem Tisch im Wirtshaus sitzen. Ein anderer Überlebender fällt dadurch auf, dass er Hetzreden führt, in denen er die früheren Kriegsgegner verunglimpft. Der dritte setzt sich in seinen letzten Lebensjahren für Frieden und Verständigung ein und nimmt dafür Diffamierung und Ausgrenzung in Kauf. Drei Männer haben das Gleiche erlebt und jeder von ihnen hat eine andere Erfahrung gemacht. Ihre Schlussfolgerungen sind zugleich ein Erklärungsmuster für alles Weitere.

Erfahrungen dienen der Vereinfachung des Lebens. Sie stabilisieren das Bild, das sich ein Mensch von sich selbst gemacht hat, und ebenso die Vorstellung, die er von einer anderen Person oder von Gruppen oder von der Welt hegt. Es sind Programme. Alles bleibt durch ein Programm so, wie es ist, das erleichtert die Orientierung im Leben. Es kann ganz einfach sein und zum Beispiel eine Schuldzuschreibung enthalten. Diese Erleichterung bezahlt ein Mensch jedoch mit der Einschränkung und Einseitigkeit seiner Sichtweise und damit, dass sich von nun an alles mehr oder weniger wiederholen wird. Ein Programm ist wie ein Filter, durch den ein Mensch seine Welt wahrnimmt. Was nicht durch den Filter passt, bleibt draußen: Fakten, die ihm nicht entsprechen, werden nicht zur Kenntnis genommen oder so gedeutet und zurechtgebogen, dass sie ins Programm passen. Alles, was dem Programm widerspricht, wird übersehen oder in Abrede gestellt. Programme trennen vom Leben, so wie es ist.

Eine Erfahrung ist – wie alle anderen Programme auch – darauf aus, Recht zu behalten. Es wird alles Mögliche unternommen, um sich am Ende abermals zu bestätigen. Das wiederum führt dazu, dass dieses Programm mit der Zeit stärker wird. Vielleicht wissen wir irgendwann einmal nichts mehr von dem Erlebnis, das wir hatten, wir haben es vergessen. Doch das Programm wirkt weiter. Da es unsere Wahrnehmung und unser Denken bestimmt und einschränkt, ist es häufig nicht ganz leicht, ein solches Programm an sich selbst zu entdecken. »Ist es denn nicht so?«, werden wir fragen, weil wir insgeheim davon ausgehen, dass das, was ist, tatsächlich so ist, wie wir es in unserer gewohnten Sicht sehen.

Was sich als Erfahrung einprägt

Doch längst nicht alles, was wir erleben – und mag es noch so viel Erfreuliches sein –, wird zu einer Erfahrung, und dann kann es auch nicht wirken wie ein Programm. Ebenso ist es mit den Programmen, die manche Menschen sich bewusst setzen, wie zum Beispiel die vielen guten Vorsätze zu Neujahr, die an Dreikönig bereits Makulatur sind. Damit sich etwas so tief in uns einprägt, dass es ein Programm wird, muss etwas anderes hinzukommen: eine tiefe emotionale Beteiligung. Noch stärker als bei Freude und Glück ist die Intensität der Gefühle allerdings meist nur bei seelischen Verletzungen und im Schmerz. Es könnte sein, dass ein solches Erlebnis sich deshalb so tief einprägt, damit es sich niemals wieder ereignet. Demnach könnten die entsprechenden Programme eine Schutzfunktion haben: Je intensiver das emotionale Erleben, desto tiefer und einseitiger das Programm.

Mit Gruppen, sagt Elfriede, kommt sie nicht klar. Sie wird rasch zum Außenseiter. Am Ende wird sie ausgegrenzt und verletzt. Das hat sie wiederholt erlebt: Die anderen gehen nach dem Seminar zum Beispiel noch Pizza essen, nur sie bleibt zurück, weil keiner sie einlädt. Und als sie selbst einmal den Vorstoß wagt, erhält sie einen Korb, die Angesprochenen haben angeblich bereits etwas anderes vor. Das verletzt sie noch mehr. Sie meint auch, abfällige Kommentare gehört zu haben. *Sie ist sich jedoch nicht ganz sicher, ob sie ihr galten, ebenso wie das Lachen weiter hinten im Flur.*

Die Wiederholung ähnlicher Abläufe lässt auf ein Programm schließen. Elfriede hätte gern mehr Kontakt, stellt sich sogar vor, wie schön es wäre, zu den anderen zu gehören, mit ihnen Rotwein zu trinken und zu lachen. Sie hat doch auch etwas zu erzählen! Sie kann keinen Makel an sich erkennen. In einer Sitzung stellt sich heraus, dass ihr Programm, dass sie doch eigentlich vor Verletzungen schützen soll, gerade dazu führt, dass sie sich am Ende wieder einmal verletzt fühlt. Bei der Arbeit mit den Methoden dieses Buches sieht sie sich inmitten der Gruppe sitzen und erschrickt. Auch als sie sich genau erinnert, wie sie Kontakt aufgenommen hat, kann sie erkennen, wie angestrengt das wirkt und wie wenig einladend. Sie bemerkt den inneren Konflikt in sich, als sie so forciert die Initiative ergriffen hatte. Sie kann die Angst in sich erkennen, wieder ausgegrenzt zu werden. Doch diese Anspannung ist es am Ende, die dazu führt, dass die anderen sich mit ihr nicht wohlfühlen. Sie selbst bewirkt das, was sie überwinden will.

Geschichten vom Schmerz und wie sie sich fortsetzen

Nicht jede Geschichte, die wir uns erzählen, prägt sich uns ein. Selbst wenn wir versuchen, uns oder anderen eine neue zu erzählen, erscheint sie uns oft beliebig und austauschbar. Sie hält vielleicht eine Weile, doch in einem Moment der Schwäche oder im Stress setzt sich das alte Programm wieder durch. Eine Geschichte prägt sich genauso ein wie eine Erfahrung und zwar dann, wenn unsere emotionale Beteiligung am intensivsten ist. Auch hier gilt, dass wir unser Glück oft nicht fassen können, während eine Verletzung uns tief und spürbar trifft. Und deshalb erinnern wir offenbar eher die schwere Geschichte. Das Verhängnis besteht darin, dass genau sie dann unsere Identität prägt und damit unser Lebensgefühl. Eine andere Geschichte würde uns eine andere Identität schenken.

Noch etwas kommt hinzu: In dem bewegten Moment der Verletzung ist unsere Wahrnehmung durch den Schmerz eingeschränkt. Wir registrieren nur ihn und was nach unserer Vorstellung nicht hätte passieren dürfen. Später identifizieren wir uns mit dieser einseitigen Sicht. Sie will sich immer wieder als wahr erweisen, auch wenn sie Leiden oder Verzicht beinhaltet. Der Grundstein für die nächsten seelischen Verletzungen ist gelegt.

Das ist am eben geschilderten Beispiel von Elfriede erkennbar: Elfriede konnte in der Sitzung entdecken, dass sie sich bereits, als sie den Seminarraum betrat, so verhielt, als müsse sie wie in ihrer Kindheit mit Mobbing und Ausgrenzung rechnen. Sie empfand Angst und Unsicherheit wie damals als kleines, abgelehntes Mädchen. Schon im Vorfeld war sie angespannt, machte sie sich klein und fühlte sie sich ausgegrenzt. Das führte wiederum dazu, dass sie die freundlich und einladend gemeinten Fragen einer anderen Teilnehmerin akustisch nicht verstand und zur Antwort nur nickte. Dieses wiederum mochte arrogant gewirkt haben. Letzten Endes bewirkte ihr Schutzprogramm, dass sich all das wiederholte und bestätigte, wovor sie Angst hatte: ausgegrenzt zu werden.

Am Ende des Buches werde ich das Beispiel von Elfriede noch einmal aufgreifen und zeigen, welchen entscheidenden Schritt sie über ihr einengendes Programm hinaus gemacht hat und wie einfach sie es auflösen kann.

Unverheilte Wunden wirken

Eine neue Sichtweise – eine andere Geschichte

Der Schmerz einer Verletzung kann nicht isoliert betrachtet werden. Im Schmerz von heute klingt immer auch der alte Schmerz vergangener Verletzungen an, besonders wenn wir ihn damals nicht auflösen konnten. Dann kann auch ein verhältnismäßig kleiner Nadelstich eine ganze Kette von alten Verletzungen beleben und früheren Schmerz wachrufen. So kommt es, dass ein geringfügiger Anlass eine Wirkung haben kann, die Außenstehenden unangemessen und übertrieben erscheinen mag. Vielleicht gehen sie auf Abstand, was wiederum an eine andere frühere Verletzung rühren kann. Die Folge nicht aufgelöster Geschichten von Verletzungen besteht vor allem darin, dass der Betroffene zusätzlich leidet, wiederholt, länger und intensiver.

Geschichten räumlich und zeitlich verorten

Grund genug, sich seinen Verletzungen in der Vergangenheit zuzuwenden. Doch wie können wir so zurückblicken, dass unsere Erinnerung den alten Schmerz nicht nur wieder anstößt und erneuert? Die Gefahr besteht darin, dass der Betroffene sich dann in eine Leidensmühle begibt, die sich fortwährend im Kreis dreht, vielleicht sogar immer schneller und intensiver. Um das zu verhindern, erhalten Sie im Folgenden ganz konkrete Anleitungen. Wenn Sie sich an diesen Rahmen halten, können Sie den Mut aufbringen und beherzt auf Ihre Geschichte schauen und sich ihr stellen. Sie entfaltet ja ohnehin längst schon ihre Wirkung. Bisher hatte diese Geschichte Sie im Griff. Wenn Sie bewusst hinschauen und mit ihr arbeiten, schrumpft sie ein wenig. Sie können sie dann eher überblicken und mit Gelassenheit zurücksehen!

Damit die Vergangenheit Ihnen nicht im Nacken sitzt – die räumlichen Verhältnisse klären

Erinnerung ist eine Form von konstruierter Vorstellung. Wenn Sie sich Ihrer Vergangenheit zuwenden und sich an bestimmte Situationen, zum Beispiel an die Ihrer Verletzungen erinnern, versuchen Sie es bewusst einmal anders: Erinnern Sie sich möglichst an sinnliche und visuelle Eindrücke dieser Situation, damit Sie nicht das wiederholen, was Sie sich gewöhnlich davon erzählt haben. Versuchen Sie sich also an das »Original« zu erinnern und nicht an die Kopie einer Kopie von vielen weiteren Kopien.

Die Erinnerung »räumlich« prüfen

Setzen oder stellen Sie sich so in den Raum, dass Sie genügend Platz um sich herum haben. Legen Sie sich am besten ein längeres Band oder eine Schnur bereit, mit deren Hilfe Sie sich den Verlauf der Zeit besser vorstellen können.

- Wenn Sie sich erinnern: Wo erleben Sie Ihre Vergangenheit räumlich und im Verhältnis zu sich selbst? Liegt sie vor oder hinter Ihnen? Rechts oder links? Oder irgendwo dazwischen?
- Deutlicher wird die Vorstellung, wenn Sie zugleich die Zukunft mit einbeziehen. Wo liegt die? Besteht zwischen beiden eine Verbindung? Setzt die Zukunft die Vergangenheit fort? Legen Sie das Band entsprechend aus. Gewöhnlich ist auf der Höhe, auf der Sie sich befinden, das Jetzt.
- Handelt es sich bei der Vergangenheit und der Zukunft um ein Kontinuum? Falls nicht, verbinden Sie beide in Ihrer Vorstellung.

Eine neue Sichtweise – eine andere Geschichte

- Handelt es sich mehr oder weniger um eine Linie? Oder sieht der Verlauf der Zeit aus wie ein verschlungener Weg oder gar wie ein verheddeter Strick? Liegt etwas von diesem Band, zum Beispiel Ihre Vergangenheit, in Ihrem Rücken, sodass Sie es nicht ganz übersehen können? Und wie wirkt das wiederum auf Sie?
- Falls die Vergangenheit in diesem Experiment hinter Ihnen liegt, kann das als bedrohlich empfunden werden. Wenn sie auch noch verschlungen ist, kann das die bedrückende Wirkung weiter steigern. Legen Sie das Kontinuum von Vergangenheit und Zukunft so aus, dass Sie eine Linie vor sich haben, die am besten von links nach rechts vor Ihnen verläuft. Falls Sie auf der Zeitlinie stehen oder dem Seil zu nahe sind, treten Sie weiter davon zurück, sodass Sie mehr Abstand haben und den Verlauf der Zeit besser überblicken können.
- Falls Sie die Leine für diese Korrekturen neu auslegen mussten, ist es sinnvoll, einige Lebensereignisse zeitlich darauf zu »verorten«, sie sich also auf der Linie vorzustellen. Das eine Ende der Linie steht für Ihre Geburt, das andere für Ihr selbstverständlich noch unbekanntes Lebensende. Wann sind Sie zum Beispiel eingeschult worden? Wann sind Sie umgezogen?

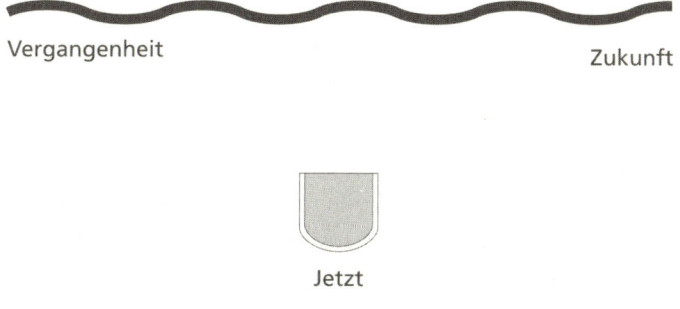

Vergangenheit   Zukunft

Jetzt

Seinen Lebensweg aus der räumlichen Distanz betrachten

Wenn Sie sich Ihrer Vergangenheit zuwenden, wahren Sie Abstand, damit Sie nicht erneut an Ihren Verletzungen leiden. Dass Sie in dem eben beschriebenen Experiment von der Linie zurückgetreten sind, ist bereits eine Erleichterung, die Ihnen mehr innere Distanz und einen besseren Überblick ermöglicht. Sie können auch noch weiter zurücktreten. Vielleicht hilft Ihnen sogar die Vorstellung, in Gedanken auf einen Berg oder einen Turm zu steigen und von dort aus alles zu betrachten. Vielleicht haben Sie es sich so eingerichtet, dass Sie dort auf Ihrem bequemen Sessel sitzen. Möglicherweise haben Sie auch Ihr imaginäres »Fernrohr« aus dem Kapitel »Abstand gewinnen« dabei, dessen Wirkung Sie schon kennen. Es ist stets bei Ihnen und kann Ihnen beim Blick auf Ihr Leben immer wieder gute Dienste leisten!

Es geht um das Wahrnehmen und sehr viel weniger um das Denken, das oft nur im Wiederholen von bereits Gedachtem besteht. Falls Sie sich dabei überraschen, wie Sie sich wieder in Gedanken verlieren, kommen Sie in Ihre Wahrnehmung zurück. Wenn Sie sich so eingerichtet haben, können Sie es wagen, einen neuen Blick auf Ihr Leben zu werfen.

Wahrnehmen aus einem zeitlichen Abstand

Räumlichen Abstand zu sich selbst und zur Situation mit Ihren Verletzungen zu gewinnen, haben Sie bereits an mehreren Stellen dieses Buches ausprobieren können. Sie haben erlebt, dass Sie weniger leiden mussten und überlegter und überlegener reagieren konnten. Über die räumliche Distanz hinaus gibt es auch das Wahrnehmen aus zeitlichem Abstand. Diesen Abstand können Sie wählen, je nach Situation und Bedürfnis. Probieren Sie es einmal aus.

Mit zeitlichem Abstand wahrnehmen

- Erinnern Sie sich an eine Verletzung und fragen Sie sich: Wie erschien Ihnen diese Verletzung am nächsten Abend? Wenn Sie die Situation heute noch einmal betrachten: Wie wirkt sie dann auf Sie? Welche weiteren Veränderungen bemerken Sie? Und wenn Sie in einem halben Jahr darauf zurückkommen: Worum ging es? Was hat sich verändert?
- Betrachten Sie einen aktuellen Vorfall aus ähnlichem zeitlichen Abstand.
- Stellen Sie sich auch vor, wie Ihre Gefühle und Ihre körperliche Befindlichkeit dann sein werden. Wie der räumliche hilft Ihnen auch der zeitliche Abstand, sich weniger im Schmerz zu verstricken und sich nicht von Verletzungen dominieren zu lassen.

Beate hatte bereits einen neuen Arbeitsvertrag bei einem anderen Arbeitgeber unterschrieben. Sie stellte sich den Tag vor, an dem sie mit einem Blumenstrauß und scheinheiligen Wünschen für ihr weiteres Fortkommen die Firma verlassen würde. Die letzten Gemeinheiten ihrer Kollegin betrachtete sie nun von diesem Zeitpunkt aus. Sie fand es sogar interessant zu beobachten, was alles in den letzten Tagen geschah, seitdem sie sich selbst nicht mehr als dazugehörig betrachtete.

Helene fand es erleichternd, dass ihr Sohn in einem halben Jahr ausziehen würde. Dann würde wieder Frieden in ihr Zuhause einkehren. Sein verletzendes Verhalten betrachtete sie jetzt von dem Moment aus, in dem sie dem Kleintransporter nachwinken und durch sein leeres Zimmer gehen würde. Das erlaubte ihr, entspannt und gelassen zu bleiben und zugleich sehr bestimmt auf das Einhalten ihrer Grenzen und des Auszugstermins zu bestehen.

Wahrnehmen von einem Ort jenseits der Zeit

Stellen Sie sich einen Ort jenseits der Zeit vor. Von dort aus sehen Sie sich und das, was Sie gerade erleben, in den großen Zusammenhängen. Sie betrachten von dort aus das Werden und Vergehen und die Entwicklungen, die Menschen durchmachen. Es gibt sogar Menschen, die gehen in Gedanken auf den Friedhof und setzen sich auf eine Bank neben ihrem eigenen imaginären Grab oder beamen sich auf eine Wolke und schauen von dort aus wie ein Freund mit Güte auf ihr Leben. Finden Sie einen solchen Ort in Ihrer Vorstellung und fragen Sie sich:

- Welchen Stellenwert hat von dort aus betrachtet die konkrete Verletzung?
- Welche Erkenntnisse ermöglicht Ihnen diese große zeitliche Distanz? Wie können diese Erkenntnisse auf Ihr jetziges Leben zurückwirken? Wie können sie Ihre Entwicklung befördern? Welche Spielräume und Möglichkeiten können Sie von diesem Ort aus entdecken? Hilft es zum Beispiel, von dort aus gesehen in der aktuellen Situation stillzuhalten oder sollten Sie aktiv werden und sie verändern? Wie und auf welche Weise?
- Können Sie sich von Ihrer imaginierten Position aus für Ihre Situation etwas raten? Und wie wäre es, sich von dort aus in Gedanken Liebe, Verständnis und Rückhalt zu schicken?

Wenn Sie danach zurückkommen in Ihre reale Situation: Können Sie sich öffnen für all das, was Sie soeben erkannt oder sich geschickt haben?

Erzählen – den Schmerz der Vergangenheit in Sprache bannen

Einer der ersten Impulse nach einer seelischen Verletzung besteht oft darin, sich anderen darüber mitzuteilen. Auf diese Weise verarbeiten wir das Erlebte und können es »fassen«. Auch wenn sich andere für unsere Verletzungen vielleicht nur wenig interessieren – sie haben ihre eigenen und hören auch lieber schöne Geschichten und ein Happy End so wie wir auch –, hilft es uns, sie zu erzählen. Wenn wir das Erlebte aus der Distanz betrachten, leiden wir weniger. Geben wir dem Bedrückenden der Vergangenheit auch noch eine sprachliche Form, gewinnen wir noch mehr inneren Abstand. Wir nehmen ihm dadurch die Macht über uns. Auch wenn das Erlebte noch in uns ist, hat es die Form angenommen, die wir ihm gegeben haben, wir haben es mit unserer Sprache »bewältigt«.

Es gibt Menschen, die ihrem Wunsch, sich mitzuteilen, so folgen, dass sie die Situation in einem Bild oder in Bildfolgen darstellen. Selbst wenn andere nicht unbedingt einen Zusammenhang zwischen dem Bild und dem Ereignis erkennen können, funktioniert diese Methode sehr gut. Für andere Menschen eignet sich die sprachliche Bewältigung besser. Es gibt unterschiedliche formale Möglichkeiten, vom Tagebuch bis zum Gedicht, von der Satire bis zum Märchen. Auch wenn Sie nicht vorhaben zu schreiben und nur erzählen möchten, um sich mitzuteilen und zu entlasten, können Sie von der Literatur lernen.

Ein Autor, der einen Roman schreiben will, macht sich vor seiner ersten Zeile bereits eine ganze Menge Gedanken darüber, wie er vorgehen möchte: Aus welcher Perspektive erzählt er die Geschichte? Aus der Position eines Opfers, aus der eines Detektivs, aus der eines Täters? Aus der Position des Hundes oder der Katze seines Protagonisten? Oder vielleicht gar aus der eines Außerirdischen, für den alles ganz neu und verwunderlich ist? Oder berichtet doch besser ein distanzierter Erzähler? Ist er allwissend oder begrenzt in seiner Sicht? Was bleibt ihm vielleicht bis zur letzten Seite verborgen? Und aus welcher Zeit berichtet er? Parallel zum Geschehen oder vom Ende her? Vielleicht springt er auch einmal von einer Zeit in eine andere, vor und zurück? Und vielleicht wechselt er zwischendrin auch die Perspektive? Gibt es Verwicklungen? Entwickelt sich der Protagonist? Machen auch die anderen Figuren Veränderungen durch? Oder wehrt sich der Held gegen Veränderung und scheitert daran? Nicht zu vergessen das Ende des Romans: Hat er ein Happy End, ein tragisches oder ein offenes Ende?

Auch wir können unsere eigene Geschichte so oder so verfassen. Meist erzählen wir, wenn es um unsere seelischen Verletzungen geht, aus der Perspektive des Opfers. Wir sind dann als Erzähler auch nicht allwissend. Unser Horizont bleibt begrenzt durch die Sichtweise des Opfers. Wir bleiben meist stehen bei der Geschichte, die wir uns kurz nach dem Zeitpunkt der Verletzung zurechtgelegt haben. Wenn wir das Geschehen jedoch neu betrachten und uns auf andere Weise erzählen würden, dann könnten wir eine andere Identität gewinnen und damit ein anderes Lebensgefühl. Das Gute am Blick auf das Handwerk des Erzählens: Sie ändern nur die Technik ein wenig und bleiben trotzdem bei dem, was Sie erlebt haben. Es geht also nicht darum, sich etwas schönzureden!

Aus welcher Position möchten Sie das Geschehene erzählen?
- Aus der eines Haustieres?
- Aus der eines Außerirdischen, der den Auftrag hat, über die Verhältnisse und Kuriositäten auf der Erde zu berichten?
- Aus der Position eines Skandalreporters?
- Oder dokumentieren Sie alles quasi als Buchhalter?
- Erzählen Sie aus der Perspektive eines weisen Großvaters oder einer gütigen Großmutter?

– Oder schreiben Sie die Tagesberichte oder die Memoiren eines Schutzengels, der alle Hände voll zu tun hat, um Schlimmeres zu verhindern, und manchmal nicht ganz hinterherkommt?

Was ist Ihre zeitliche Perspektive?
– Begleiten Sie alles zeitlich parallel zum Geschehen?
– Erzählen Sie die Geschichte im Rückblick?
– Erzählen Sie die Geschichte mit dem Wissen, dass Sie nach all den Verwicklungen am Ende alles gut überstanden haben werden?

Was ist Ihre Rolle?
– Machen Sie als Protagonist eine Entwicklung durch, um die es vielleicht geht?
– Spielen Sie eine Rolle in einem Film?
– Welche anderen Geschichten könnten Sie auch noch erzählen?
– Welche anderen Geschehnisse haben Sie als Erzähler bisher übersehen oder vergessen?
– Stand jemand auf Ihrer Seite? Hat Ihnen jemand geholfen?

Probieren Sie aus, Ihre Vergangenheit neu zu sehen und Ihre Geschichte einmal anders zu betrachten und zu erzählen. Wenn Sie eingefahrene Sichtweisen lockern möchten, hilft es, mehrere Versionen zu versuchen. Bemerken Sie auch: Wie geht es Ihnen nach einem solchen Experiment?

Seelische Verletzungen als Einweihung

Vielleicht wirkt diese Überschrift sehr merkwürdig auf Sie. Schließlich ging es bei den meisten seelischen Verletzungen nicht gerade feierlich zu und würdevoll ganz gewiss nicht. Das aber trifft doch auf eine Einweihung zu, oder? Dennoch ist unser Schmerz oftmals tatsächlich so etwas wie eine Einweihung – die Einladung, auf eine bewusstere Stufe zu gelangen. Denn stellen Sie sich ein Leben ohne jede Verletzung vor. Was für eine Person wäre aus Ihnen geworden?

Michael erzählt, dass er in seiner Jugend Gefahr lief, so etwas wie ein Spekulant zu werden. Er wuchs in einem Kurort auf, und wenn er als Heranwachsender aus einer bescheidenen Nachbarschaft das Kurviertel besuchte, faszinierten ihn die weißen Villen, die exklusiven Läden mit erlesenen Kostbarkeiten und der Reichtum. So wollte er auch einmal leben. Für eine Weile schienen Besitz und Reichtum das einzig Erstrebenwerte für ihn zu sein.

Es waren seelische Verletzungen, die ihn davon abhielten, sein Leben an diesem Ziel auszurichten. Die Ausgrenzung und die Demütigungen, die er wiederholt erfahren hatte, verbanden ihn mit den Schwachen, die von der Welt des Reichtums ausgeschlossen sind. Eine erneute Demütigung machte ihm plötzlich klar, dass er niemals zu der lange ersehnten Schicht gehören würde, und dass er, selbst wenn ihm der Zutritt in diese Kreise gelänge, sich auch dort stets als Außenseiter fühlen würde. Heute dankt er für seine Verletzungen, die ihn dazu brachten, sich an anderen Werten zu orientieren und Menschlichkeit zu entwickeln. Er ist froh, einen sozialen Beruf ergriffen zu haben, und es reicht ihm, sich als Betrachter an dieser anderen Welt mit all ihren Schönheiten und Kostbarkeiten zu erfreuen.

In manchen Kulturen gibt es Rituale des Übergangs, zum Beispiel wenn Heranwachsende zu Männern werden und damit einen anderen Status innerhalb ihres Stammes erhalten. Die Ältesten nehmen die Jungen beiseite und weihen sie in die Mythen und Geheimnisse ihres Volkes ein. Sie werden dabei oft großen körperlichen Schmerzen und Ängsten ausgesetzt. Wenn sie das mit Mut und Tapferkeit auf sich genommen und durchgestanden haben, werden sie als Männer anerkannt, die in der Lage sind, Verantwortung für ihre Familie und ihren Stamm zu tragen. Das Erleiden von Schmerz ist ein wichtiger Teil dieses Transformationsprozesses.

Es gibt auch einen griechischen Mythos, in dem Schmerz eine wichtige Rolle spielt: Chiron ist Zentaur, halb Mensch, halb von Pferdegestalt, als Sohn von Saturn ist er obendrein auch noch Halbgott und damit unsterblich. Doch eine körperliche Verletzung, die er erleidet, will und will nicht heilen. Er entwickelt aus diesem Schmerz heraus viele Heilmethoden, mit denen er anderen hilft. So wird er Heiler und Lehrer wichtiger Figuren der griechischen Mythologie, doch sich selbst kann er nicht heilen. Am Ende tauscht er seine unsterbliche Existenz als Halbgott gegen das Menschsein ein, sodass er sterben darf. Seine Verletzung gab ihm den Anstoß, Mensch zu werden.

Wenn Sie zurückschauen
Reflektieren Sie einmal über die Vergangenheit und fragen Sie sich:
– Sind Sie selbst durch die Erfahrung seelischer Verletzungen rücksichtsvoller geworden?
– Haben Sie durch Ihren Schmerz mehr Verständnis für weniger Glückliche gewonnen?
– Welche Dimensionen des Lebens haben sich Ihnen durch die Verletzungen erschlossen?
– Welche Werte sind Ihnen dadurch wichtig geworden?

Wer waren Sie vor der Verletzung? Und wer sind Sie seitdem?

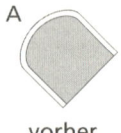
A

B

vorher   nachher

Neutraler
Ausgangsbereich

- Stellen Sie zwei Stühle, A und B, hin und bestimmen Sie einen neutralen Ausgangbereich etwas abseits davon.
- Wählen Sie einen Stuhl A aus, auf dem Sie sich in Ihren Zustand vor der Verletzung hineinversetzen. Lassen Sie sich ganz ein auf die Situation der Person, die Sie damals waren. Wer waren Sie? Wie haben Sie Ihre Welt erlebt und wie war Ihr Verhältnis zu den Mitmenschen und auch zu der Person, die Sie verletzt hat?
- Wenn Ihnen das nicht gelingt, dann denken Sie an eine Person, die Ihnen relativ unverletzt erscheint, zum Beispiel an ein Kind, das bisher meist Liebe und Freundlichkeit erlebt hat. Wie sieht die Welt in Ihren Augen dann aus? Stellen Sie sich das Lebensgefühl vor und freuen Sie sich an dieser Weltsicht, auch wenn sie, wie Sie inzwischen wissen, einseitig ist. Wie geht es Ihnen in diesem Zustand? Wie denken Sie, wie fühlen Sie und wie ist die Befindlichkeit Ihres Körpers?
- Dann ist es an der Zeit, sich dem Danach zu widmen. Gehen Sie für Ihren Zustand in der Zeit nach den Verletzungen (oder der einen gravierenden Verletzung) auf die Position B. Es geht nicht um die Minuten kurz danach, sondern um den darauf folgenden anhaltenden Zustand. Wenn Sie dort sitzen, machen Sie sich diesen Zustand bewusst, der Ihnen wahrscheinlich sehr vertraut

ist. Auch in dieser Situation stellen Sie sich die Frage, wie Sie denken, fühlen und was Ihre körperliche Befindlichkeit ist.
– Wenn Sie das festgestellt haben, verlassen Sie diesen Platz und gehen zurück in die neutrale Ausgangsposition. Wenn Sie von dort aus die beiden Zustände »Vorher« und »Nachher« betrachten, erkennen Sie auch, dass Sie beides waren oder sind, dass beides Ihren Möglichkeiten entspricht. Auch wenn Sie sich in den folgenden Passagen des Experiments konkreteren Fragestellungen zuwenden: Allein das Wahrnehmen des »Vorher« und »Nachher« hat bereits eine heilsame Wirkung.

Welche inneren Schätze haben Sie durch die seelische Verletzung entdeckt?

Oft sind es seelische Verletzungen, die dazu führen, dass ein Mensch besondere Werte in sich entdeckt oder dazu gezwungen ist, spezielle Qualitäten und Fähigkeiten zu entwickeln. Zum Beispiel hat einer seine Kraft oder seine Zähigkeit kennengelernt, ein anderer seine Leidensfähigkeit oder die Treue sich selbst gegenüber, wieder andere haben den Wert von Freundschaft erlebt oder die Wichtigkeit von Rücksicht und Hilfsbereitschaft: »Ich habe erfahren, dass es trotzdem weitergeht.« »Meinen Humor habe ich in der Krise entdeckt, er ist ziemlich makaber und schwarz. Aber es hat mir immer geholfen, etwas so überspitzt auszusprechen, wie es schlimmer wohl nicht kommen könnte.« »Ich habe schon früh erlebt, dass ich plötzlich sehr klar werde und zu mir halte, wenn es ganz hart kommt. Bei kleinen Verletzungen war ich allerdings eher wehleidig. Jetzt kann ich auch mit kleinen Nadelstichen anders umgehen, nicht so zimperlich wie früher.« »Jetzt weiß ich Güte, Wohlwollen und Freundlichkeit erst so richtig zu schätzen. Vor allem versuche ich selbst so zu sein, und das tut auch mir gut. Es gefällt mir ganz einfach.« »Jetzt erkenne ich erst, was andere Menschen ausgehalten haben. Manchmal zeigt sich ihre Verbitterung darüber in ihren Gesichtern. Seitdem bin ich viel nachsichtiger auch mit unfreundlichen und gereizten Menschen geworden. Ihre Mienen lese ich wie Signale, sie warnen mich davor, selbst auch einmal so zu werden.«

Dorothee berichtet, dass sie wohlbehütet und in einer wohlhabenden Familie aufgewachsen war. Als sie vierzehn war, kam es zur Scheidung der Eltern, und es war aus mit der heilen Welt. Sie wurde ins Internat abgeschoben. Nach der erneuten Verheiratung beider Eltern fühlte sie sich überflüssig und im Stich gelassen. Auch wenn sie finanziell versorgt war, stand sie allein da und musste sich selbst durchbeißen. Niemand hätte ihr in ihrer Kindheit zugetraut, dass sie heute als Ärztin Katastrophenhilfe leistet.

Der Stich, der Schmerz und die daraus folgende Krise öffnen uns sehr oft erst die Augen für das, was im Leben zählt und worauf wir bauen können. Die Verletzung und der Schmerz können uns also bereichern, wir reifen an ihnen und entwickeln uns, wenn wir uns gegenüber diesen Möglichkeiten nicht verschließen.

Um zu würdigen, was Sie in sich entdeckt, entwickelt oder sich erarbeitet haben, ist es gut, sich diese Qualitäten bewusst zu machen. Gehen Sie in den Zustand, in dem Sie diese Fähigkeit oder diesen Wesenszug in sich spüren. Konzentrieren Sie sich darauf. Wie denken Sie, wenn Sie damit verbunden sind? Wie sind Ihre Gefühle? Und wie erleben Sie diesen Zustand körperlich?

Es stärkt Sie in Ihrem Alltag, in Situationen, in denen Sie herausgefordert sind, und immer dann, wenn Sie verletzt sind und allein dastehen. Dann besinnen Sie sich auf diese Qualitäten und machen sie sich nicht nur gedanklich, sondern vor allem auch als Gefühl und körperlich-sinnlich bewusst.

Welche Schätze aus dem »Vorher« möchten Sie retten?

Eine weitere Fragestellung für Ihren Weg, den Schmerz zu heilen: Was alles haben Sie durch die Verletzungen und Ihre Reaktion darauf eingebüßt? Welche Qualitäten gibt es, die Sie damals nach der Verletzung aufgegeben oder verloren haben, weil sie im Moment der Verletzung nicht mehr in Ihr Leben zu passen schienen?

Schätze bergen

– Schauen Sie wie in dem Experiment »Wer waren Sie vor der Verletzung? Und wer sind Sie seitdem?« aus der neutralen Position auf das »Vorher«: Welche Qualitäten, die Ihnen als erstrebenswert erscheinen und die Ihnen jetzt fehlen, gab es da? Welche möchten Sie retten und in Ihr jetziges Leben übernehmen, ohne sich dadurch zu schaden oder sich besonders angreifbar zu machen? Benennen Sie diese Schätze. Vielleicht haben Sie damals zum Beispiel vorschnell Ihre Leichtigkeit und Ihren Frohsinn geopfert.

– Wenn Sie diesen Verlust beklagen, dann gehen Sie jetzt in die Position des »Vorher« und spüren diese Qualitäten, wie immer mit dem Denken, mit den Gefühlen und Ihrem körperlichen Empfinden. Wäre es gut, etwas davon zu retten? Spräche etwas dagegen? Was genau und in welchem Maße möchten Sie davon in Ihr heutiges Leben übernehmen?

– Wenn Sie das wissen, konzentrieren Sie sich auf die entsprechende Qualität und nehmen Sie diese in sich auf. Lassen Sie sich dafür ausreichend Zeit und gehen Sie anschließend damit in die Position »Nachher«. Wie fühlt sich diese Position an, nachdem Sie zum Beispiel mehr Heiterkeit oder mehr Freude gerettet haben? Wenn Sie eine Erleichterung oder Aufhellung spüren, überlegen Sie sich, wie Sie die wiedergewonnene Qualität in Ihrem Leben zur Wirkung bringen wollen, ohne sich dadurch besonders angreifbar zu machen.

- Wiederholen Sie diese Prozedur ab und zu und erinnern Sie sich daran, dass es diese Qualitäten in Ihnen wieder gibt. Heute können Sie sich das wahrscheinlich leisten!

Ebenso können Sie sich auch fragen, welche Reaktionen des »Nachher« unnötig sind, Ihnen nicht helfen oder Sie vielleicht sogar zu sehr einschränken und Ihnen das Leben schwer machen. Dann lösen Sie diese in Ihrer Vorstellung auf oder geben sie dorthin zurück, woher sie stammen. Danken Sie dafür, dass sie Ihnen damals zunächst wohl geholfen haben. Und dann nehmen Sie wahr: Wer sind Sie ohne diesen unnötigen Ballast? Wie geht es Ihnen jetzt? Erleben Sie eine Erleichterung?

Auch hier geht es darum, sich von Zeit zu Zeit durch Wiederholung in der neuen Haltung zu bestärken. Sehr schnell rutschen wir in alte eingefahrene Spuren zurück. Wenn Sie das bemerken, reagieren Sie darauf gelassen und korrigieren es ganz einfach.

Karin: »Ich hatte damals offenbar die Freude aufgegeben. Ich war gewissermaßen in einer Abwehrstellung stecken geblieben, um allen möglichen Angriffen gewachsen zu sein. Diese Haltung nahm ich auch ein, wenn ich ganz allein war, und sogar, wenn ich den Hund ausführte. Jetzt versuche ich, die Freude ganz bewusst wieder in meinem Leben zur Geltung zu bringen und auch nach außen zu zeigen. Der Hund ist mein Lehrmeister, er reagiert sehr direkt und erinnert mich sofort, wenn ich wieder einmal in das alte Muster zurückfalle: Ich bin nicht mehr das verletzte Mädchen von damals und kann mir heute diese Freude und manchmal auch ein wenig Unbeschwertheit leisten, weil ich inzwischen gelernt habe, gut für mich zu sorgen.«

Was alles blieb heil und unverletzt?

Wenn Sie zurückschauen auf Ihr Leben, in dem es die eine oder andere Verletzung gab und vielleicht sogar eine ganze Kette von Leid und Schmerz, dann fragen Sie sich doch auch einmal: Was alles wurde in Ihnen nicht verletzt? Was konnten Sie sich bewahren, obwohl Sie doch angegriffen wurden? Was haben Sie geschützt, damit es unversehrt blieb, und was haben Sie vielleicht sogar versteckt vor den anderen und über die Zeit gerettet?

Diese Fragestellung ist für viele verletzte Menschen ungewohnt, weil wir für gewöhnlich auf das schauen, was uns stört, was schmerzt und was wir verloren haben. Deshalb nehmen wir oft nicht wahr, was in uns heil geblieben ist. Wer nur auf den Schmerz und seinen Mangel schaut, befindet sich ständig im Defizit. Um nicht missverstanden zu werden: Es geht nicht darum, alles positiv zu sehen, sondern darum, sich ein ausgewogenes Bild der eigenen Welt zuzumuten. Das gilt auch für den Blick auf uns selbst.

Notieren Sie, was Ihnen an Wertvollem erhalten geblieben ist. Dieser Schatz ist unversehrt. Wie wäre es, ihn aus der alten Truhe zu nehmen, ihn aufzupolieren und zu würdigen? Der erste Schritt, ihn zu achten, besteht darin, ihn wahrzunehmen und wirken zu lassen. Kommen Sie ab und zu auf ihn zurück!

Die übergangenen Seiten der Geschichte

Noch ein kleines Experiment: Ihr Zustand, wenn Sie sich an eine Verletzung erinnern, ist Ihnen hinlänglich bekannt. Sie kennen die Auswirkungen auf Ihr Denken, auf Ihre Gefühle und Ihre körperliche Befindlichkeit bereits zur Genüge. Erinnern Sie sich nun einmal an erfreuliche Begebenheiten, die es mit Sicherheit auch gab. Stellen Sie sich wieder dieselben Fragen nach Ihrem Denken, Ihren Gefühlen und Ihrer körperlichen Befindlichkeit, wenn Sie sich darauf besinnen.

Gibt es Unterschiede? Wenn ja, sollten Sie sich dieser Seite Ihrer Geschichte ebenfalls zuwenden. Wofür können Sie danken? Was bringt die Freude zurück in Ihr Leben? Die Energie, die Sie durch diesen Perspektivenwechsel gewinnen, hilft Ihnen dabei, sich auch den dunklen Seiten Ihres Lebens zuwenden und sich selbst helfen zu können. Es lohnt sich also, sich ab und zu an diese hellere, freundlichere Seite der eigenen Geschichte zu erinnern, die vielleicht schon lange in Vergessenheit geraten ist!

Die Überlebenskraft in sich erkennen: Resilienz

Eine der schlimmsten Auswirkungen einer Verletzung auf das Opfer kann darin bestehen, dass es sich am Ende selbst zugrunde richtet. Wenn es den Schmerz präsent hält und ihn nicht auflöst, drehen sich seine Gedanken fortwährend im Kreis, immer um das, was ihm angetan wurde. Ein solcher Mensch ist nicht mehr frei, sich Freudigem zu widmen, und zermartert sich selbst. Vielleicht plagt er sich mit der Frage, warum es gerade ihn getroffen hat, oder mit anderen Mutmaßungen, die meist nicht weiterführen.

Ein Mensch, der so stark an die Verletzung und den Schmerz gebunden bleibt, blutet dabei energetisch aus und schwächt sich. Und noch etwas kann ihm im Extremfall passieren: Er gleicht sich dem Täter an. Vielleicht sind seine Gedanken am Ende weitaus grausamer als die seines ursprünglichen Peinigers. So verrät er seine eigenen Werte. Das wiederum ist für ihn Grund genug, sich selbst abzulehnen, weil er so tief gesunken ist. Dann hat das Opfer gegenüber dem Täter, der so viel vielleicht gar nicht beabsichtigt hat, endgültig verloren. Das Opfer hat sich selbst entwertet, und damit verliert es die Liebe zu sich selbst.

Als ich jünger war, war ich ein guter Zuhörer. Ich habe viele Lebensgeschichten in mich aufgenommen von Menschen, die großes Elend und seelischen Schmerz überlebt hatten. Auch habe ich früher gern Biografien gelesen und war vor allem davon beeindruckt, wie Menschen viel Leid ertragen konnten, ohne daran zu zerbrechen oder verbittert zu sein. Diese Fähigkeit, immer wieder aufzustehen, weiterzugehen und auch in schweren Zeiten die Hoffnung und den Mut zu bewahren, wird auch als »Resilienz« bezeichnet. Um es vorwegzunehmen: *Die* Resilienz als Eigenschaft oder Begabung, nach denen manche Autoren und Wissenschaftler suchen, habe ich beim besten Willen nicht finden können. Eher gibt es viele Wege und Möglichkeiten, wie sich diese Kraft zeigen und entfalten kann.

Manche Überlebende schwierigster Umstände konnten auch von Menschen berichten, die sich in ihrer Bedrängnis Programme gesetzt und verbissen daran festgehalten hatten. Eine Gefahr besteht darin, dass solche festen Überlebensprogramme mit Verhärtung und Starrheit einhergehen sowie mit einem spürbaren Widerstand, der leicht zu brechen ist. Wer so vorgeht, überlebt vielleicht, doch er hat einige Facetten seines Wesens für diese Unbedingtheit eingebüßt. Durch eine eingeschränkte und fixierte Wahrnehmung ist er nicht in der Lage, an seinen Verletzungen zu wachsen. So ist er nicht nur Opfer seiner Gegner, sondern auch Opfer seiner selbst.

Woher aber die Kraft nehmen, Schweres zu überstehen und sich dennoch nicht unterkriegen zu lassen? Immer wieder leuchtet in den Berichten von tief Verletzten etwas auf: Wer sich mit einem Wert oder einer Idee zu verbinden vermag, der kann daraus Energie schöpfen und sich daran ausrichten. Für den einen ist es die Idee der Humanität, für den anderen ein Glaube, wieder ein anderer verbindet sich mit der Vorstellung einer Zukunft in Freiheit und einer Aufgabe. Wer sich davon erfüllen lässt, kann denen, die ihn verletzen, etwas entgegensetzen. Der Täter muss für ihn deshalb nicht zum Feind werden, er ist nur sein Gegner. Auch stellt er sich nicht über ihn. So ist er in der Lage, in ihm trotzdem den Menschen zu sehen.

Gläubige Menschen sind von je her in den schlimmsten Exzessen der Geschichte im Vorteil: Sie wissen von einem Punkt außerhalb der Verwicklungen ihrer momentanen Situation. Sich daran zu orientieren, schenkt ihnen eine andere Sicht und somit Klarheit und eine nicht versiegende Kraftquelle. Manche können in ihrem Leiden auch einen Sinn erkennen, oder sie verstehen es, ihm einen Sinn zu geben, sodass ihnen aus ihrem Schmerz sogar ein tiefes Erleben von Verbundenheit erwächst, das sie stärkt. Sie können die Situation auch dadurch annehmen, dass sie eine Prüfung für sich darin erkennen, eine Herausforderung und Gelegenheit, daran zu wachsen. Verbunden zu sein heißt auch, nicht begrenzt zu sein auf die eigene Person und das eigene Leiden, auf den Ort und auf das sich dehnende Jetzt, sondern dieses innere (und vielleicht auch äußere) Gefängnis geistig verlassen zu können. Eine weitere Form der Transzendenz des Schmerzes besteht darin, für andere da zu sein, eine Aufgabe zu erfüllen und für sie zu leben, als ein Verletzter, der anderen Verletzten zur Seite steht.

Überleben – auch eine Frage der Wahrnehmung

Darüber hinaus gibt es bei allen, die nicht auf Dauer Opfer ihres Leids geworden sind, eine Gemeinsamkeit: Sie verfügen über die Fähigkeit, sich selbst und die eigene Situation mit Abstand, von außen und aus unterschiedlichen Perspektiven sehen zu können. Das ermöglicht ihnen, die momentane Situation zu relativieren. Sie sind nicht in jedem Moment Gefangener und Opfer der Verhältnisse, obwohl es sicher auch diese Momente der Schwäche für sie gibt.

Es hilft nicht nur, sich selbst und die Situation aus der Distanz sehen zu können. Ebenso wichtig ist es, denjenigen, der einen verletzt, aus einer anderen Perspektive als der des Opfers betrachten zu können. Auch dieser Mensch befindet sich in einem Entwicklungsprozess, dazu gehören auch seine Irrtümer. Vielleicht ist er selbst auch ein Opfer, so wie der Wärter in einem sibirischen Gefangenenlager gewissermaßen ebenfalls ein Verbannter ist. Auch das ist ein Vorteil der geweiteten Wahrnehmung: Sie ermöglicht, zu erkennen, was trotz aller Einschränkung noch aktiv beeinflussbar ist und worin Freiräume zur Veränderung bestehen, mögen sie auch noch so klein sein.

Sicher, bei den Lebensberichten, auf die ich hier Bezug nehme, geht es um schweres Leid. Dieses Buch handelt von alltäglichen seelischen Verletzungen. Doch von denen, die so viel zu ertragen haben, können wir in unserem kleineren Leid lernen, um nicht darin gefangen zu sein und um unseren Schmerz nicht durch unsere Einschränkung der Wahrnehmung selbst zu verstärken.

Die Kraft Ihres Märchens

Sie haben bis hierher Ihre eigene Geschichte der erlittenen Verletzungen variiert, Sie haben die verfestigte Sichtweise auflösen und verändern können, Sie haben mehr Erkenntnisse über sich gewonnen. Vor allem ist durch dieses andere Wahrnehmen Bewegung in das gekommen, das Sie als »Ich« bezeichnen. Wenn Sie sich auf all das eingelassen haben, konnten Sie Ihr Bild weiten. Vielleicht sehen Sie sich inzwischen ein wenig anders. Welche Lebensgeschichte können Sie jetzt erzählen?

Von allen Formen, mit denen die eigene Geschichte erzählt werden kann, ist die des Märchens die kraftvollste. Darüber hinaus ist sie vielleicht sogar die leichteste, weil sie sich als feste Form anbietet und offenbar in allen Kulturen und Kulturstufen verankert ist. Man könnte von einer Urform des Märchens sprechen, in ihm kommen auch feste Archetypen von Figuren vor: Sehr oft wird die zentrale Figur, zum Beispiel der Prinz, aus ihrem bisherigen Zustand gerissen, sie wird einer Herausforderung ausgesetzt. Prüfungen und Hindernisse stellen sich ihr in den Weg und vor allem Gegenspieler, die es ihr schwer machen oder sie verleiten und von ihrem Weg abbringen wollen. Es gibt jedoch auch Gestalten, die ihr im rechten Moment zu Hilfe kommen. Meist handelt es sich um Tiere, die sich damit für gute Taten bedanken oder die Wesenszüge des Helden symbolisieren. Am Ende hat der Held alle Hindernisse überwunden, er hat sich nicht vom Weg abbringen lassen, die Prüfungen und die Herausforderung bestanden. Zum Lohn erhält er die Prinzessin und ein ganzes Königreich.

Erzählen Sie Ihr Märchen

Erzählen Sie das Märchen Ihres Lebens. Fragen, die Ihnen dabei helfen können:

- Welche Hindernisse haben sich Ihnen in den Weg gestellt?
- Um welche Herausforderung ging es bei Ihnen?
- Welche Umstände haben Ihren Weg erschwert?
- Was haben Sie in Ihrem Märchen lernen müssen?
- Wozu haben Sie sich nicht verleiten lassen?
- Welche guten Taten, Qualitäten, Wesenszüge oder Helfer standen Ihnen zur Seite?
- Welche Fähigkeiten haben Sie entwickelt?
- Worauf können Sie sonst noch zurückgreifen?
- Wofür können Sie heute danken?

Das Gute an einem Märchen: Es hat eine feste Form, um die Sie nicht erst ringen müssen. Und noch besser ist, dass ein Märchen immer einen guten Ausgang hat! Das Märchen geht davon aus, dass die Hauptfigur eine schwere Zeit durchmacht, sich dabei entwickelt und am Ende Erfolg hat. Der Sieger steht also fest! Nur wenn er zaudert und festzuhalten versucht, läuft er Gefahr, alles zu verlieren. Die Form des Märchens ist sehr kraftvoll und wirkt auf denjenigen, der seine Situation in dieser Erzählform darstellt, stärkend und zugleich beruhigend. Wer in der Klemme steckt, der braucht nicht nur Mut, sondern auch Gewissheit und Geduld, damit er sich selbst nicht verliert. Mir hat mein Märchen einmal sehr geholfen. Ich kann Ihnen daher nur empfehlen, sich Ihr eigenes Märchen auszudenken. Doch setzen Sie sich dabei nicht mit Ihrem Willen unter Druck. Manchmal taucht es einfach auf.

Sich und seine »Kerbe« heilen

Heilung bedeutet nicht, keinen Schmerz mehr zu haben oder von allen Verletzungen befreit zu sein. Wenn es um gesundheitliche Heilung geht, meint Heilung ebenso wenig das Wiederanwachsen eines amputierten Beines. Es ist nicht die Herstellung eines idealen Zustands von Gesundheit, sondern eine Annahme und Integration dieser Seite des Lebens, dazu gehört auch, den Widerstand dagegen aufzugeben. Ein Mensch kann mit seinen körperlichen Schwächen und Symptomen also durchaus heil sein. Heilung seelischer Verletzungen meint nicht, diese Verletzungen und Narben loszuwerden, doch es findet durch eine neue Sichtweise und eine konstruktive Verarbeitung und Integration eine tief greifende Veränderung statt. Wer dazu bereit ist und sich darauf einlässt, nimmt wieder eine aufrechte Haltung ein und entwickelt ein neues Lebensgefühl, er geht entspannter und reifer mit allen Eventualitäten des Lebens um und wird von möglichen neuen seelischen Verletzungen weniger tief getroffen.

Immer in dieselbe Kerbe?

Sie haben während der Lektüre bereits mutig zurückgeblickt und einzelne Ereignisse angeschaut. Die innere Distanz hat Ihnen das ermöglicht, ohne dass Sie erneut leiden mussten. Bisher ging es darum, einzelne Verletzungen zu betrachten. Jetzt beginnen wir damit, Grundmuster in der Art der Verletzungen zu entdecken, die für Ihr Leben bislang typisch waren.

Das Verbindende in den einzelnen Verletzungen finden

Wenn Sie sich stark genug fühlen, noch einmal auf Ihre Lebensgeschichte zurückzublicken und sich Ihren Verletzungen zuzuwenden, dann erinnern Sie sich mit innerem Abstand an die wichtigsten. Stellen Sie eine Liste zusammen, ohne sich in den einzelnen Verletzungen zu verlieren. Wenn Sie die Liste betrachten, fragen Sie sich, ob Sie Gemeinsamkeiten entdecken können:

- War es immer dieselbe Person oder derselbe Typ von Mensch, der Sie verletzt hat?
- Haben diese Personen, die Sie verletzt haben, etwas gemein? Wenn ja, benennen Sie die Ähnlichkeiten.
- Welche Lebensbereiche waren davon betroffen?
- Um welche Themen ging es? Handelte es sich immer um ähnliche Gebiete?
- War es immer eine ähnliche Situation oder waren es unterschiedliche? Worin bestand die Gemeinsamkeit?
- Handelte es sich immer um dieselbe Art von Verletzung? Versuchen Sie, diese zu benennen.

Bestanden die Verletzungen mehr oder weniger aus Wiederholungen derselben Art von Verletzung? Ging es zum Beispiel stets um Abwertung, um Ausgrenzung oder um Neid? Wenn Sie das bejahen können, haben Sie ein Muster in dem entdeckt, was Sie besonders trifft. Dann sind Sie auf der Spur Ihrer »Kerbe«. So bezeichne ich die Stelle eines Menschen, den Ort im übertragenen Sinne, an dem bei ihm mehr oder weniger alle gravierenden Verletzungen landen. Dabei ist nicht auszuschließen, dass ein Mensch gleich mehrere Kerben hat. Begegnet ist mir das jedoch nicht. Bei näherer Betrachtung ging es stets um ein und dieselbe Kerbe. Wenn Sie entdecken, dass auch Sie eine Kerbe haben, lohnt es sich, diesem Thema besondere Aufmerksamkeit zu widmen, denn mit dieser Entdeckung halten Sie auch den Schlüssel zu ihrer Heilung in der Hand.

Wer so ein Muster in seinen Verletzungen entdeckt hat, erkennt zugleich, dass es sich um Wiederholungen handelt, um eine ganze Kette von Verletzungen. Sie nahm irgendwann in einer ursprünglichen Verletzung ihren Ausgang. Es ist jedoch nicht erforderlich, die ursprüngliche Verletzung zu kennen oder sich daran zu erinnern. Sie könnte im Übrigen so früh stattgefunden haben, dass sie sprachlich gar nicht zugänglich ist. Eine einzelne Verletzung aus dieser Kette steht mit ihrem seelischen Schmerz auch für jede andere. Sie alle sind verbunden und klingen bei jeder erneuten Verletzung mit, wenn der Hieb in der Kerbe landet.

Eine Kerbe hat eine besondere Anziehungskraft, so wie ein Magnet. Durch unsere veränderte Wahrnehmung in diesem Bereich findet alles, was auch nur in die Nähe der Kerbe kommt, seinen Weg wie von selbst ins Zentrum und trifft uns ausgerechnet da, wo es uns am meisten schmerzt. Oft reagieren wir darauf kindlich und unangemessen, zumindest innerlich, denn häufig haben wir im Laufe der Zeit gelernt, den Aufruhr in uns anderen gegenüber zu verbergen.

In seinem Wert getroffen

Jede seelische Verletzung ist ein Angriff auf unseren Wert. Derjenige, der uns seelisch verletzt, drückt damit aus, dass wir in seinen Augen so wenig wert sind, dass er es sich erlauben kann, so wenig wertschätzend mit uns umzugehen. Die Schmälerung unseres Wertes ist es eigentlich, was uns so schmerzt. Die extremste seelische Verletzung ist die Ausgrenzung. Ausgeschlossen zu werden aus der menschlichen Gemeinschaft ruft tiefe Angstgefühle hervor, denn das hätte in der Steinzeit den sicheren Tod bedeutet. Auch wenn wir heute in unserer viel komplizierter organisierten Gesellschaft anders mit seelischen Verletzungen umgehen kön-

Sich und seine »Kerbe« heilen

nen – wenn ich auf dieser Party nicht gut ankomme, dann gehe ich eben auf eine andere oder lade mir selbst Gäste ein; wenn ich bei diesem Arbeitgeber nicht befördert werde, dann bewerbe ich mich eben woanders –, werden entsprechende Gefühle in uns geweckt, denn unser Seelenleben ist offenbar immer noch vom Leben in der Frühzeit der Menschheit bestimmt. Damals waren wir in unserem sozialen Rang und unserer Existenz von unserer Horde abhängig. Heute haben wir mehr Wahlmöglichkeiten, doch einem Kind wäre es auch in diesen Tagen nicht so leicht möglich, seinen Teddy und das Kopfkissen unter den Arm zu nehmen und bei den Nachbarn einzuziehen, wenn es sich in seiner Ursprungsfamilie nicht glücklich fühlt.

Gefühle – soziale Sensoren

Mit den Verletzungen und den Angriffen auf unseren Wert werden wir in unseren Gefühlen angesprochen, die uns auf ihre Art und Weise als Sensoren mitteilen, wie es im sozialen Zusammenleben um uns bestellt ist. Der seelische Schmerz als Reaktion auf eine Verletzung signalisiert uns den Misserfolg und die Gefährdung unserer Verbindung zu anderen. Die angenehmen Gefühle wie Freude zeigen uns an, dass wir wohlgelitten und auf dem besten Weg sind, unsere Position zu festigen oder zu verbessern. Wertschätzung und gelingende Beziehungen schenken uns Glück.

Auch wenn für uns mit einer Abwertung nicht gleichzeitig eine Degradierung in der Rangreihenfolge beim Zugang zur Jagdbeute am Lagerfeuer verbunden ist, sind wir auch heute noch emotional abhängig von den Bewertungen anderer, ob wir es zugeben oder nicht. Unsere Gefühle wirken auch auf andere, die darauf mit ihren Gefühlen reagieren. Wir nehmen wahr, wie das wiederum unsere Gefühlslage und unsere Stimmung beeinflusst, unseren energetischen Zustand und unsere körperliche Befindlichkeit und nicht zu vergessen unser Denken.

Werte – Orientierung und Kraftquelle zugleich

Verbunden mit unserem Wert, dem Wert, den wir als Person haben, sind »die Werte«, die uns wichtig sind. Werte sind das Wertvollste für uns, wie schon der Begriff sagt. Sie geben uns Orientierung im Leben, wir richten uns an ihnen aus. Werte sind etwas Abstraktes. Es sind Ideen. Dennoch hat jeder Mensch Werte, ob er sie übernommen hat, weil sie ihm durch Erziehung vermittelt worden sind, oder ob er selbst auf diese Ideen gestoßen ist und sie als wertvoll erkannt hat, weil er sie schmerzlich vermisst hat. Jeder Mensch versucht, sein Handeln an ihnen auszurichten und sie einzuhalten. Lebt ein Mensch im Einklang mit seinen Werten, dann fühlt er sich selbst auch wertvoll. Die Werte stärken ihn darüber hinaus und vermitteln ihm Sicherheit und Kraft. Wenn ein Mensch gegen seine eigenen Werte verstößt, dann fühlt er sich schwach und lehnt sich selbst ab. Werte sind wie Batterien, wenn wir uns an sie erinnern und uns mit ihnen verbinden, laden wir uns energetisch an ihnen auf.

Wenn Hilfsbereitschaft ein wichtiger Wert für uns ist, möchten wir hilfsbereit sein. Erfüllen wir diesen Anspruch an uns und helfen anderen, dann belohnen wir uns zugleich selbst damit, wir fühlen uns kraftvoll und gut. Wir bestätigen uns darin, dass wir unserer Orientierung entsprechen, sind im Einklang mit dem Wert und energetisch verbunden mit dem, was uns stärkt, unserer Kraftquelle. Dann sind wir uns selbst wertvoll – und glücklich.

Wenn eine seelische Verletzung durch eine andere Person einen Angriff auf unseren Wert als Person darstellt, sind wir herausgefordert, selbst zu uns und zu unserem Wert zu stehen. Gerade bei einem Angriff auf unsere Kerbe sind wir tief verunsichert, da wir immer wieder in diesem Wert getroffen wurden. Wir können darauf bestehen, diesem Wert zu entsprechen, doch unser beharrliches Pochen darauf kann aufgesetzt und trotzig wirken. Spüren wir den Wert tatsächlich noch oder geben wir es nur vor?

Sich und seine »Kerbe« heilen

Es macht häufig den Eindruck, als hätte uns die Verletzung dieses Wertes tatsächlich von ihm und seiner Energiequelle abgeschnitten. Wie heißt es so schön im Deutschen: Jemand ist ein »Ehrabschneider«. Stellen wir die Verbindung zu dem verletzten Wert in uns wieder her!

Welcher Wert wurde in Ihnen getroffen?

Jede seelische Verletzung, die in der Kerbe eines Menschen landet, betrifft einen speziellen Wert. Dieser Wert wird ihm durch diesen Angriff streitig gemacht und abgesprochen. Wer zum Beispiel ausgegrenzt wird, dem wird dadurch vermittelt, dass er es nicht wert ist, dazuzugehören. Wer missachtet wird, verliert den Wert der Achtung. Wer Misstrauen begegnet, dem wird abgesprochen, Vertrauen zu verdienen. Durch seelische Verletzungen wird ein Mensch in seiner sozialen Existenz angegriffen. Schauen Sie auf die Liste der Werte. Welcher Wert oder welche Werte wurden bei Ihrer Kerbe verletzt? Traf es immer denselben Wert?

In dieser Übersicht finden Sie eine Ansammlung von Werten. Wenn Sie darauf schauen, stellen Sie sich die Frage, welcher Wert wohl von der seelischen Verletzung getroffen sein könnte: Manchmal ist es offensichtlich und eindeutig, welcher Wert verletzt wurde. Es kann jedoch sein, dass Sie den Eindruck haben, dass gleich mehrere Werte verletzt wurden. Beim wiederholten Durchgehen der Liste achten Sie darauf, auf welchen der infrage kommenden Werte Sie intensiver reagieren, vielleicht fühlen Sie das im Herzbereich oder Sie spüren es körperlich. Sie können das nicht allein vom Kopf her entscheiden.

Werte

Hoffnung
Humanität
Bescheidenheit Pflicht Genuss Heilung
Freiheit Loyalität Ethik Ausdauer Einsicht
Initiative Freundschaft Selbstbewusstsein
Kampf Kreativität Kultur
Humor

Solidarität Gefühle
Zugehörigkeit Durchsetzung Kompetenz
Offenheit Moral Glaube Effizienz
Natürlichkeit Gleichheit Hilfsbereitschaft
Ehrlichkeit Genialität Liebe
Wirtschaftlichkeit Tradition Beziehung
Wachstum Glück Fortschritt
Selbstständigkeit Bewusstsein Verlässlichkeit
Toleranz Ästhetik Nähe Unabhängigkeit
Erkenntnis Sinn Genauigkeit
Friede Muße Form Improvisation
Güte Einfluss Bewusstheit
Herausforderung Authentizität
Lernen Aufstieg

Eigenständigkeit
Freude
Gerechtigkeit
Entschlossenheit
Nützlichkeit
Spontaneität

Kraft Klarheit Selbstbestimmung
Treue Mütterlichkeit Sinnlichkeit Schnelligkeit
Annahme Verständnis Tiefe Entwicklung
Umsicht Leistung

Jugendlichkeit   Brüderlichkeit

Dienst   Ökologie   Individualität

Lust   Reichtum   Zuneigung   Sparsamkeit

Präzision   Integrität   Gründlichkeit

Kompetenz   Glaube   Ehrlichkeit   Harmonie

Perfektion   Lebendigkeit   Gemeinsamkeit

Erkenntnis   Anstand   Geborgenheit

Männlichkeit   Gemütlichkeit   Spiritualität

Beständigkeit   Weiblichkeit   Familie   Leistung

Ganzheit   Einfluss   Weisheit   Freundschaft

Wärme   Objektivität   Verantwortung   Engagement

Integrität   Gründlichkeit   Distanz

Ausgleich   Herausforderung   Umsicht

Familie   Zivilcourage   Mut

Aktivität   Fairness

Achtung   Tiefe   Fleiß

Dankbarkeit   Kampfbereitschaft   Ruhe

Klugheit   Macht   Würde   Disziplin   Erfahrung

Hilfsbereitschaft   Geduld   Wille   Maß   Respekt

Stille   Demut   Natur   Herausforderung   Einfachheit

Freiheit   Stolz   Rücksicht   Sauberkeit   Geselligkeit

Vernunft   Vollkommenheit   Dynamik   Hoffnung

Fantasie   Wohlstand   Spaß   Tapferkeit   Nützlichkeit

Gleichheit   Stärke   Bildung   Ordnung   Intelligenz

Reife   Gelassenheit   Mitleid   Wohlergehen

Sinn   Niveau   Gesundheit   Ansehen

Tatkraft   Schönheit

...

Welcher Wert wurde verletzt?

Schreiben Sie die betreffenden Werte Ihrer engeren Wahl auf jeweils ein Notizblatt. Legen Sie diese bedeutungsvollen Zettel dann mit ausreichend Abstand zueinander auf dem Fußboden vor sich aus.

- Machen Sie sich leer und öffnen Sie sich dafür, wie ein Wert auf Sie wirkt. Stellen Sie sich auf eines der Blätter und verbinden Sie sich mit dem Wert, dessen Bedeutung dieses Stück Papier für Sie trägt. Lassen Sie sich dabei Zeit und gehen Sie nach und nach alle Zettel durch. Dazwischen treten Sie immer wieder ins Neutrale.
- Welcher Wert wirkt intensiver auf Sie und stärkt Sie? Achten Sie insbesondere darauf, wie Ihr Körper darauf reagiert.

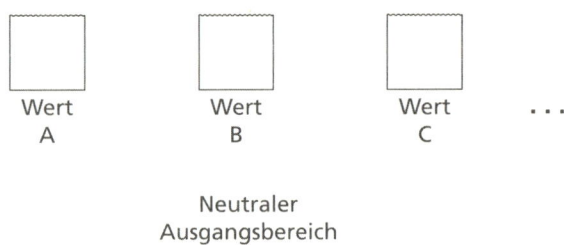

Wert   Wert   Wert   ...
A   B   C

Neutraler
Ausgangsbereich

Und wenn Sie es partout nicht herausbekommen? Dann probieren Sie die folgenden Methoden entweder mit dem Wert Liebe, dem Wert Annahme oder mit Zugehörigkeit. Nach meiner Erfahrung sind diese drei Werte bei ganz besonders vielen Menschen verletzt. Deshalb kann die Verbindung mit ihnen, selbstverständlich einzeln und nacheinander, die heilsame Wirkung haben.

Es geht also darum, den Wert, der verletzt wurde, wieder in sich aufzunehmen. Mit der folgenden Technik geht das am einfachsten. Werte sind Ideen. Dass es Ideen gibt, dass sie existieren und wirken, ist eine Annahme des Philosophen Platon. Darum nenne ich diese Methode auch die »Platonische Tankstelle«.

Platonische Tankstelle –
den in Ihnen verletzten Wert tanken

Wert

Neutraler
Ausgangsbereich

– Legen Sie ein Blatt Papier vor sich auf den Boden, auf das Sie Ihren Wert notiert haben. Stellen Sie sich dann auf dieses Blatt und lassen Sie sich auf die Wirkung dieses Wertes auf Ihr Denken, Ihr Fühlen und Ihre körperliche Befindlichkeit ein. Wie geht es Ihnen, wenn Sie ganz mit der Idee dieses Wertes verbunden sind? Das ist so ähnlich und so leicht wie Radiohören: Sie stellen eine bestimmte Frequenz ein und empfangen dann diesen Sender. Sie richten also Ihre ganze Vorstellung darauf aus, zum Beispiel auf die Idee der Zugehörigkeit, wenn es Ihnen um diesen Wert geht.

Ähnlich ist übrigens eine andere Methode, die häufig in Klöstern praktiziert wird, die Kontemplation. Alle Aufmerksamkeit kreist dabei um einen Begriff oder einen Spruch, der so seine Wirkung entfaltet. Die Kontemplation ist eine gute Alternative, wenn die

Platonische Tankstelle bei Ihnen nicht die erwünschte Wirkung entfalten sollte.

Probieren Sie es einfach einmal aus und lassen Sie sich darauf ein. Ohne Absicht und ohne die Erwartung eines bestimmten Ergebnisses. Wie erleben Sie so eine »Frequenz«? Nehmen Sie sie genau wahr. Wie wirkt sie auf Ihr Denken, auf Ihre Gefühle und auf Ihre körperliche Befindlichkeit?

Angenommen ein bestimmter Wert wurde in Ihnen verletzt, dann ist genau diese Idee mit dieser »Frequenz« heilsam für Sie. Konzentrieren Sie sich immer wieder einmal darauf und laden Sie sich damit auf.

Auf seine Kerbe achten

Um es gleich zu sagen: Die Kerbe wird immer ein besonderer und sensibler Bereich in einem Menschen sein. Es gibt keinen Radiergummi für die Seele. Wir haben nur die eine Freiheit, Verantwortung für unsere Kerbe ebenso wie für unsere Geschichte zu übernehmen, sie zu schützen und für sie zu sorgen. Schon allein seine Kerbe zu kennen, wirkt sich positiv aus. Wir werden dann nämlich sofort aufmerksam, wenn sich ein Gespräch dem Thema unserer Kerbe nähert, und können bewusst damit umgehen. Wir werden nicht mehr wie aus heiterem Himmel überrascht und reagieren dann kopflos und übertrieben. Ebenso können wir dann auch eher abschätzen, ob eine Bemerkung ganz neutral gemeint ist oder ob es sich tatsächlich um einen ernst gemeinten Angriff handelt. Wir können leichter unterscheiden, ob ein Stich nur das Umfeld berührte oder mitten in die Kerbe traf. Übrigens könnte allein schon unsere wache Haltung verhindern, dass es überhaupt zu einer Annäherung an unsere Kerbe und zu einer Verletzung kommt. Und sollte tatsächlich eine Verletzung diese sensible Stelle erreichen, wird sie weniger tief treffen. Im Übrigen wissen wir uns in einem solchen Fall auch schnell zu helfen, allein die Er-

Sich und seine »Kerbe« heilen

fahrung unserer Tankstelle macht uns bereits ein wenig gelassener und verringert unsere Verletzlichkeit.

Heilung für die Kerbe

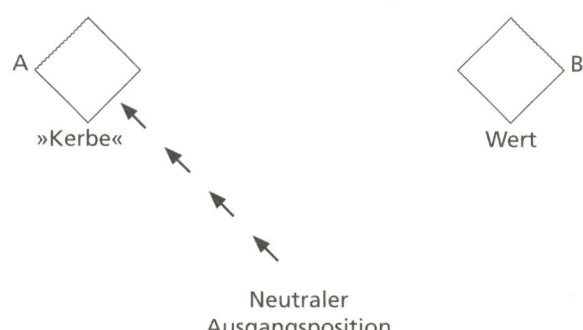

- Die Position A steht für Ihre Kerbe, Ihre Verletzung, die Position B für den Wert, der die Verletzung heilt. In einem gewissen Abstand davon gibt es die neutrale Ausgangsposition.
- Wenn Sie mutig die Wirkung dieser Kerbe und ihren Schmerz erkunden wollen, empfehle ich Ihnen, sich der Kerbe erst einmal nur mit ganz kleinen Schritten – Zentimeter für Zentimeter – vorsichtig anzunähern. Wie nah können Sie der Kerbe kommen, ohne dass es Sie zu sehr schmerzt? Es geht dabei nur darum, einen Vergleichswert für das übliche Vorher-Nachher und die Wirkung der Methode zu erhalten. Markieren Sie die Stelle, bis zu der Sie ohne allzu großen Schmerz kommen.
- Danach stellen Sie sich auf die Position B und tanken dort den betroffenen Wert. Wenn Sie fürs Erste genug getankt haben, strahlen Sie diese Schwingung hinüber zu Ihrer Kerbe. Nehmen

Sie sich auch dafür Zeit. Wenn Sie zum Beispiel die Idee der Liebe getankt haben, dann schicken Sie Ihrer Kerbe Liebe. Fragen Sie sich auch, ob Sie Ihre Kerbe lieben können. Manchmal dauert es etwas länger, bis ein Mensch sich dazu durchringen kann, doch genau dieser Schritt bewirkt die Integration, die Heilung. Geht es um Annahme, dann schicken Sie Ihrer Kerbe Annahme und versuchen, Ihre Kerbe tatsächlich anzunehmen. Beim Wert Zugehörigkeit schicken Sie diese Idee und versuchen, Ihre Kerbe tatsächlich als zu Ihnen gehörig zu betrachten.

- Danach stellen Sie sich auf den Platz, den sie anfangs markiert hatten. Ist diese Position ein wenig erträglicher geworden? Wenn es Ihnen dort deutlich besser geht, können Sie sich auch ein wenig näher an die Kerbe heranwagen.
- Es empfiehlt sich, den Wert immer wieder zu tanken und die beschriebene Methode öfter zu wiederholen.

Den Verletzten in sich heilen

Wenn Sie Zugang gefunden haben zu dem Wert, gegen den verstoßen wurde, dann können Sie auch noch etwas genauer mit der folgenden Version arbeiten: Es gibt diesen Wert, es gibt Sie, es gibt Ihre Kerbe, und darüber hinaus gibt es den Verletzten, der Sie damals waren. Sehr häufig besteht er auch heute noch als innerer Anteil in Ihnen. Vielleicht haben Sie ihn abgelehnt, vielleicht hat er sich sogar abgekapselt, dann könnte er den Schmerz von damals auch heute noch bewahren, vor allem dann, wenn das Leid damals von Ihnen übergangen worden sein sollte.

Sich und seine »Kerbe« heilen

Den inneren Verletzten heilen

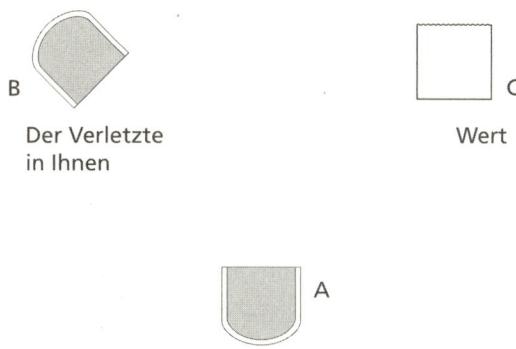

B

Der Verletzte
in Ihnen

Wert

C

A

- Begeben Sie sich zunächst auf die Position A, es ist Ihr Platz als
  Person in Bezug auf den Verletzten in Ihnen. Stellen Sie sich die
  üblichen Fragen nach dem Denken, dem Fühlen, Ihrer Befindlichkeit in Bezug auf Ihr Verhältnis zu dem Verletzten.
- Anschließend geht es um die Position B des Verletzten in Ihnen.
  Nähern Sie sich dieser Position vorsichtig in dem Maße, wie es
  für Sie noch erträglich ist. Für die Anwendung dieser Methode
  sollten Sie sich jedoch tatsächlich kurz auf diese Position begeben. Dieser Anteil mit seinem Denken, Fühlen und seiner Befindlichkeit existiert sowieso in Ihnen. Falls die Herausforderung momentan noch zu groß sein sollte, verschieben oder
  überspringen Sie diese Methode ganz einfach. Von dieser Möglichkeit zu lesen, ist bereits ein erster Schritt, sich dieser Seite in
  sich bewusst zu werden, um sie später einmal zu integrieren
  und zu heilen.
- Wie geht es Ihnen in der Position des Verletzten? Stellen Sie
  sich dieselben Fragen nach dem Denken, dem Fühlen und der

Befindlichkeit dieses Anteils und bemerken Sie die Unterschiede zur Position A.

- Danach ist es an der Zeit, sich auf den Wert (Position C) zu stellen und ihn zu tanken. Absichtslos wie immer. Wenn Sie »voll« davon sind, strahlen Sie ihn zunächst aus auf sich selbst, auf Ihre Position A. Anschließend gehen Sie auf Ihre Position A und empfangen dort den Wert, nehmen Sie ihn absichtslos ganz in sich auf.

- Nach einer Weile können Sie sich dem Verletzten auf der Position B zuwenden, ihn von A aus wahrnehmen und den Wert auf ihn ausstrahlen. Angenommen, es geht um den Wert Annahme, dann können Sie das Ganze noch dadurch verstärken, dass Sie es formulieren: »Ich nehme dich an!« Wenn es um Liebe geht, drücken Sie das entsprechend aus: »Ich liebe dich.« Je mehr Überwindung das kostet, desto wichtiger ist es. Wenn Tränen fließen sollten, lassen Sie es zu und nehmen vielleicht den Verletzten in Ihrer Vorstellung in den Arm. Viele, die hier geweint und dabei losgelassen haben, konnten erfahren, dass sich die Anspannung löst und danach innere Ruhe eintritt.

- Wenn Sie so weit sind, nehmen Sie wieder die Position B des Verletzten ein. Als Verletzter nehmen Sie bewusst das in sich auf, was Sie zuvor von A ausgestrahlt haben. Lassen Sie es wirken. Abschließend beantworten Sie sich wieder die üblichen Fragen nach dem Denken, dem Fühlen, nach der Befindlichkeit. Vielleicht nehmen Sie von dort aus auch sich als Person A wahr.

- Danach geht es zurück in die Position A. Wieder dieselben Fragen. Was hat sich alles verändert und was hat sich aufgelöst? Das Experiment endet in Ihrer Ausgangsposition, im Neutralen.

Sich und seine »Kerbe« heilen

Seien Sie behutsam. Es ist nicht immer leicht, den Verletzten wahrzunehmen, ein Verletzter gibt oft kein erfreuliches Bild ab, auch wenn wir es nur mit unserem inneren Auge betrachten. Gerade in unserer Schwäche lehnen wir uns oft ab. Doch setzen Sie sich bitte nicht unter Druck. Sich dazu durchzuringen, ist ein wichtiger Prozess bei der Heilung, und manch einer braucht dafür sehr viel Zeit, Geduld und die eine oder andere Wiederholung.

Das Herz wieder öffnen und weiten

Vielleicht sind Sie während der Beschäftigung mit den seelischen Verletzungen aus Ihrer Vergangenheit auf Verbitterung und Verhärtung in Ihren Gefühlen gestoßen, sodass nur noch wenig Sie erreichen kann. Es kann auch sein, dass Sie das Gegenteil erleben, dass Sie das Gefühl haben, schutzlos zu sein und allzu verletzlich. Vielleicht haben Sie auch den Eindruck, sogar den eigenen Gefühlen schutzlos ausgeliefert zu sein, wenn sie allzu lange zurückgehalten wurden und sich in Ihnen ausbreiten und überhandnehmen. Dann ist es an der Zeit, sich wieder ganz konkret dem Herzen zuzuwenden.

Die folgende kleine Gymnastik wirkt sich aus, ganz gleich, ob Sie dabei Ihr Herz als Organ und Muskel betrachten oder ob Sie von der ostasiatischen Vorstellung ausgehen, dass es Chakren gibt, Energiezentren, die sich öffnen und schließen können. Entsprechend zieht sich der Bereich um das Herz als Muskel und Organ ein wenig zusammen und spannt sich dabei leicht an oder es entspannt und weitet sich. Bei Bedrohung oder in einer unerfreulichen Umgebung schließen sich Chakren, bei Freude oder bei liebevollen Begegnungen öffnen sie sich. Sie verfügen also über Beweglichkeit und damit über eine gewisse Schutzwirkung. Sie reagieren selbsttätig auf alles und regulieren so auch unser Verhältnis zu unserer sozialen Umwelt. Ebenso wirken sie auf unser inneres Klima, unseren Umgang mit uns selbst.

Der Herzbereich kann sich durch einen Schreck oder eine überraschende seelische Verletzung so intensiv zusammengezogen und angespannt haben, dass er sich danach nicht wieder entspannt und geweitet hat. Er befindet sich dann in einer ständigen Schutz- und Abwehrhaltung. Dabei läuft er Gefahr, sich zu verhärten. Die Folge ist, dass er sich nicht mehr öffnen kann für Freude, Humor und alles Liebevolle, das doch auch vorhanden ist. Die Verletzung wirkt durch diese Erstarrung noch lange nach.

Es gibt Menschen, die aus welchen Gründen auch immer, ständig mit einem offenen Herzen durchs Leben gehen, deren Herz sich zu ihrem Schutz nicht anspannen und schließen kann, auch nicht in Situationen, in denen das besser wäre. Manchmal sind es Programme, die sie sich gesetzt haben, zum Beispiel immer ein offenes Herz zu haben und niemals so kalt und abweisend zu sein wie die Menschen, die sie verletzt haben. Wer so offen durch die Welt geht, ist Gefühlen, den fremden und auch den eigenen, gewissermaßen ausgeliefert. Es fällt ihm schwer, seine Gefühle zu relativieren und zu begrenzen.

Mit der nachfolgenden Methode können Sie die Beweglichkeit beim Öffnen und Schließen Ihres Herzens ganz allmählich wiedergewinnen. Ganz gleich, ob Sie sich vorstellen, es handele sich um Ihr Herzchakra oder um Ihr Herz als Organ, die Methode wirkt in beiden Fällen, denn das Prinzip ist das gleiche: Die Öffnung und Weitung entspannt Ihren Herzbereich, das Schließen schützt und grenzt ab. Ihr Herz gewinnt die Fähigkeit zurück, sich spontan zu schützen und auch wieder zu öffnen, sodass Sie Ihren Gefühlen wieder mehr vertrauen und zutrauen können.

Sich und seine »Kerbe« heilen

Die Herzgymnastik

- Stellen Sie sich vor, dass Ihr Herz eine Blüte wäre. Bei Sonne und Wärme öffnet sich diese Blüte, bei Regen, Dunkelheit und Kälte schließt sie sich. Formen Sie mit Ihren Händen eine entsprechende Blüte vor der Brust nach. Dabei legen Sie die Handgelenke aneinander, öffnen Ihre Hände und spreizen die Finger leicht voneinander, in dem Maße, in dem Ihre Hände das zulassen und dabei einigermaßen entspannt bleiben. Stellen Sie sich vor, dass sich Ihr Herzbereich in gleicher Weise weitet. Wie fühlt sich das an?
- Nun schließen Sie ganz, ganz langsam (viel langsamer als Ihr Atem und bitte nicht in demselben Rhythmus) die Blüte Ihrer Hände und damit auch die Blüte Ihres Herzens.
- Nach einer Weile wiederholen Sie das Öffnen und Schließen. Wie fühlt sich die Geschlossenheit an? Wie die offene Blüte?
- Machen Sie nicht zu viel auf einmal. Kommen Sie lieber ab und zu darauf zurück.

Die meisten Menschen erleben ihre offene Blüte als wärmer, entspannter und freier, doch beide Positionen haben ihre Berechtigung. Wir brauchen beide Möglichkeiten und vor allem die Übergänge zwischen diesen Extremen. Dann ist es leichter, zu variieren und den Grad der Offenheit und Geschlossenheit der jeweiligen Situation anzupassen, sodass wir auf der einen Seite sicher sind und weniger verletzlich und auf der anderen Seite uns nicht der Schönheit und den Freundlichkeiten des Lebens verschließen. Wenn der Herzbereich nach einigem Üben wieder beweglich wird, dann ist das nicht nur entspannter für das Herz, es regelt dann auch wieder selbst den Grad der Offenheit, ohne dass Sie sich noch darum kümmern müssten. Es ist Entspannung und Heilung für den Ort Ihrer Gefühle.

Selbstverständlich können Sie sich später diese Methode einfach vorstellen und mental üben. Wenn Sie die Übung vorher ganz konkret absolviert haben, geht das viel leichter. Der Vorteil: Sie können sie überall anwenden, ohne groß aufzufallen und dabei vielleicht ausgegrenzt oder seelisch verletzt zu werden.

Sich selbst heilen an einem Ort jenseits der Zeit

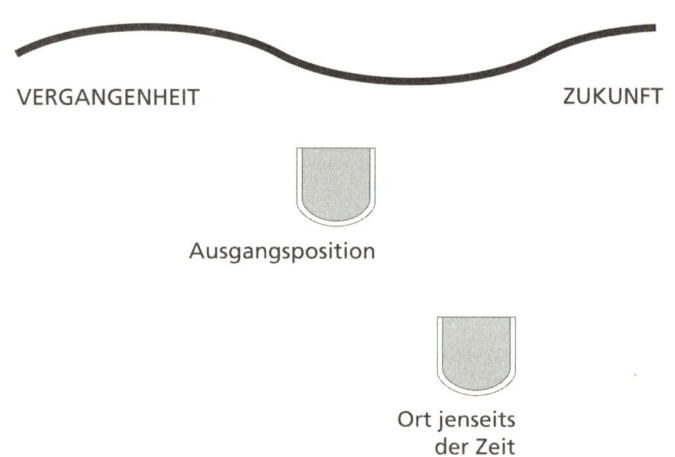

- Stellen Sie sich die Zeit und damit auch Ihr Leben als einen Weg oder einen Fluss vor. Dieser Weg liegt vor Ihnen ausgebreitet, sodass Sie ihn aus einem Abstand betrachten können. Links vor Ihnen ist die Vergangenheit, rechts die Zukunft. Der Ort auf dem Lebensweg, an dem Sie sich befinden, liegt gerade vor Ihnen. Schauen Sie darauf wie von einem Berg oder Hügel.
- Begeben Sie sich von dort auf den Platz jenseits der Zeit. Dort können Sie erkennen, dass es ein Auf und Ab gab und deshalb wohl auch in Zukunft geben wird. Nach einem Tief wird es auch

Sich und seine »Kerbe« heilen

nach wieder aufwärts gehen. Sie erkennen auch, dass Sie schon viele Situationen gemeistert haben. An Ihrem sicheren Platz betrachten Sie all das, doch Sie sind in der Lage, sich nicht davon unterkriegen zu lassen. Gewiss, das Leiden und der Schmerz sind noch da, aber ein wenig anders. Sie haben es noch, doch es hat Sie nicht mehr, Sie sind nicht länger davon bestimmt.

Unzerstörtes und Unzerstörbares

Da in unserer Wahrnehmung alles Störende Vorfahrt hat, werden in uns die Verletzungen im Verhältnis zu dem, was unberührt davon blieb und heil ist, intensiver und deutlicher wahrgenommen. Wer sich wie Sie im Moment mit seinen Verletzungen beschäftigt, sollte ganz besonders darauf achten, dass er dabei nicht das an sich übersieht, was nicht verletzt ist. Sonst verstärkt er, ohne es zu beabsichtigen, sein Leiden. Wer diesen Zusammenhang erkennt, verändert bereits dadurch sein Verhältnis zu seiner Verletzung und seinem Schmerz.

Das Unzerstörte in Ihnen

- Kehren Sie in diesem Experiment Ihre Wahrnehmung einmal bewusst um und nehmen Sie wahr, was alles von der seelischen Verletzung nicht betroffen und was heil an Ihnen ist, ohne dabei der Einseitigkeit des »Positiven Denkens« auf den Leim zu gehen.
- Nachdem Sie dem Heilen einmal Ihre volle Aufmerksamkeit geschenkt haben, nehmen Sie danach beides in gleicher Weise wahr, das Verletzte und das Heile.

Wer das ausprobiert hat, bekommt einen freieren Kopf und eine aufrechtere Haltung. Er fühlt sich eher in der Lage, seine Position im Leben einzunehmen und für sich zu sorgen. Diese Methode eignet sich übrigens auch sehr gut bei körperlichem Schmerz.

Der unzerstörbare Kern

Manche Menschen, die Schweres durchgemacht haben, berichten davon, dass sie in Situationen größter Belastungen mit einer Kraft in sich in Kontakt gekommen sind, die von all dem, was ihnen passiert ist, nicht tangiert wurde und die sie als etwas Unzerstörbares erlebten. Auch wenn sie den Kontakt zu dieser Seite später verloren haben, machte sie sich wieder bemerkbar, wenn es ihnen erneut schlecht ging. Es war ihnen nach dieser Erkenntnis möglich, auch in anderen Zeiten mit ihr in Verbindung zu bleiben, denn sie war ja beständig da. Das hat sie insgesamt gelassener gemacht.

Ob Sie auch eine solche Seite in sich wahrnehmen können? Es wäre zumindest einen Versuch wert. Sie können dabei wie bei allen anderen Experimenten mit Anstrengung nichts erreichen. Es handelt sich eher um eine Art des Erinnerns oder des In-sich-Hineinspürens. Falls es Ihnen nicht gelingt, hilft Ihnen vielleicht bereits das Wissen darum, dass es vielen Menschen so erging, um in Situationen großer Bedrohung offen zu sein für eine solche innere Stimme.

Der Ort der Blaupause

Wenn es tatsächlich Ideen gibt, dann müsste es auch eine Idee von Ihnen geben, wie Sie gemeint sind. Ich nenne eine solche Idee von einer Person einfach einmal ihre »Blaupause«. Als Blaupause wurde früher ein Plan bezeichnet, an dem sich jeder Beteiligte beim Bau eines Hauses oder einer Maschine zu orientieren hatte. Auf diesen Plan wurde bei allen Änderungen immer wieder zurückgegriffen. Stellen Sie sich vor, von Ihnen gäbe es auch so et-

Sich und seine »Kerbe« heilen

was wie eine Blaupause, eine Idee, wie Sie gemeint sind, ohne all die Verletzungen und auch ohne die Verhinderungen und all das Nichtgelebte und das, was sich nicht entfalten konnte, aber auch ohne alles Wollen und ohne falsches Streben. Diese Idee stellt Sie in Ihrem heilen Zustand dar, in Ihrer einfachsten und klarsten Form. Nach meiner Erfahrung existiert sie wie ein zarter Hauch in jedem, auch wenn viele Menschen den Zugang dazu verloren haben. Vielleicht möchten Sie spüren, wie Sie eigentlich gemeint waren?

Sich heilen am Ort seiner Blaupause

- Wählen Sie einen Platz für die Vorstellung Ihrer Blaupause. Wenn Sie sich auf ihn begeben, dann lassen Sie sich auf diese Idee ganz unvoreingenommen ein. Meiden Sie dabei alle Theorien, wer Sie sein könnten oder zu sein hätten oder gern wären. Ebenso versuchen Sie, nichts zu erreichen oder zu bewirken. All das könnten auch nur wieder Verbiegungen sein als Reaktionen auf erlittene Deformationen. Lassen Sie sich überraschen.
- Das gelingt Ihnen am besten, wenn Sie sich dabei auf Ihren Körper konzentrieren. Sich auf die Idee von sich einzulassen, ohne eine Erwartung, ohne Fantasie und Ansprüche, ist wie eine sinnlich spürbare Erinnerung. Ihre Wirkung ist frei von Anstrengung und heilend. Zu diesem Potenzial von sich in Resonanz zu kommen, wirkt stärkend, und zugleich stellt es eine Art von Erleichterung dar – ein Zustand ohne alles »müsste« und »sollte«, in dem Sie einfach Mensch sein dürfen. Im wahrsten Sinne des Wortes handelt es sich um eine Selbstheilung, zu der Sie den Zugang haben, wann immer Sie es möchten – vorausgesetzt, Sie lassen diese Erinnerung zu.

Vergebung und Entwicklung

Wer sich von einem anderen verletzt fühlt, schreibt ihm gewöhnlich schnell die Schuld an seinem Schmerz zu. Der andere ist ganz offensichtlich der Verursacher und damit auch der Schuldige. Erst wenn der Betroffene sich aufgefangen, seinen Schmerz durchlebt und allmählich Abstand dazu gewonnen hat, stellt sich ihm die Frage nach Ursachen, Auslösern und Schuld neu, weniger reflexhaft, dafür differenzierter, vorausgesetzt, er ist mutig genug und sich selbst gegenüber ehrlich. Wer Klarheit gewinnen und sich entwickeln möchte, dem geht es über alle vordergründigen Schuldfragen hinaus um Erkenntnisse über sich selbst, zum Beispiel über seinen eigenen Beitrag daran, dass es soweit kam und der andere ihn verletzt hat. Manchmal können kleine Stiche reichen, um einen Mitmenschen zu reizen, oder auch nur der nicht bewusst gemachte Teil der Kommunikation. Denn ob wir es wollen oder nicht, wir strahlen immer etwas aus, zum Beispiel unsere Einstellung anderen gegenüber. Sie zeigt sich in unserer Gestik, unserer Mimik, unserer Zu- und Abwendung, unseren Blicken. Hinzu kommen die eher passiven Aspekte, wie zum Beispiel das Ausbleiben von Beachtung, Anerkennung, Wertschätzung oder Dank. Auch Fehler, Defizite und blinde Flecken des anderen ebenso wie unserer eigenen Person gehören dazu, ebenso Ungeschicklichkeiten oder die Unkenntnis geltender Umgangsformen oder Gepflogenheiten. So wie wir hat auch der andere, der uns verletzt hat, seine Geschichte und seine »Kerbe«. Auch er wird seine Empfindlichkeit nicht auf dem Tablett präsentieren, und dennoch kann er aus dem Gefühl heraus, getroffen zu sein, reagieren.

Schuld und Vergebung

Um nicht missverstanden zu werden: Es geht hier nicht um das alte Muster von Selbstbezichtigung, Selbstanalyse, Selbstkritik und Selbstzerfleischung, bei dem der Verletzte am Ende selbst als Verursacher dasteht. Ebenso wenig soll hier das alte manipulative Muster wiederholt werden, bei dem der Verletzte aufgrund der Tatsache, dass er die Verletzung nicht klaglos hinzunehmen bereit ist, zum Schuldigen erklärt wird. Wenn hier die Frage der Schuld angesprochen wird, geht es um Entwicklung. Wer vergibt, verlässt die passive Rolle als Opfer, er ergreift Initiative und wird zum Handelnden. Nicht länger lässt er sich in seiner Haltung und bis ins Innerste hinein ausgerechnet von dem Menschen bestimmen, der schuldig an ihm geworden ist. Er entlastet sich und löst sich aus dieser unseligen Bindung. Anderen zu vergeben ist ein Schritt der Befreiung.

Sich befreien von der Last, die wir anderen nachtragen

Wer anderen etwas nachträgt, der hat es schwer. Er ist belastet und noch mit dem Ereignis verbunden, das er dem Täter von damals nicht vergeben kann. Die Verletzung ist noch präsent, obwohl sie vielleicht schon Jahre zurückliegt. Der von ihm Beschuldigte hat die Verletzung vielleicht längst vergessen, es mag sogar sein, dass er nie etwas davon wusste, weil er es gar nicht bemerkt hat. Der Verletzte trägt dann ganz allein daran. Wenn er mit Vertrauten darüber spricht, stößt er manchmal auf Unverständnis, was ihn wiederum verletzen kann, sodass er es fortan lieber für sich behält. Die Tatsache, dass er es sich so schwer macht, ist nur aus dem Schmerz heraus nachvollziehbar, der sich tief in ihn eingebrannt hat. Vielleicht hält er ihn aufrecht und lässt die Wunde nicht heilen, weil er nach etwas sucht, das es nur als Idee gibt und das in seiner reinen Form im Leben nicht existiert: Gerechtigkeit. Unser Rechtssystem mit seinen Paragrafen kann an diese Vorstellung bei Weitem nicht heranreichen. Es ist auch eher darauf ausgerichtet, materiellen Schaden auszugleichen, körperlichen Schäden wird es weit weniger gerecht, von seelischen Verletzungen und Leid ganz zu schweigen.

An der Opferrolle festhalten

Viele Verletzte gleichen der »Tübinger Marktfrau«: In einer Zeit, als Pferdefuhrwerke das übliche Transportmittel waren, gerieten zwei Marktfrauen in Streit. Ein Wort gibt das andere, bis eine der beiden Kontrahentinnen sich nach einem »Rossbolla« (zu Deutsch: einem Pferdeapfel) bückt und ihn der anderen mitten ins Gesicht schmeißt, gerade als diese zu einer erneuten Schimpftirade ansetzt. Ein Volltreffer: mitten in den offenen Mund. Und wie reagiert die so Getroffene? Sie weist auf den Rossbolla in ihrem Mund und bringt undeutlich hervor:»Der bloibt drin, bis d'Polizei kommt!« Die Marktfrau befindet sich in einem Dilemma: Entfernt sie den Pferdeapfel aus ihrem Mund, ist das zwar bedeutend angenehmer für sie, sie entledigt sich des schlechten Geschmacks, kann wieder deutlicher sprechen und leidet nicht länger an dieser Art von Maulsperre. Doch dann verlöre sie mehr als nur ein Beweismittel, sondern ein Attribut: Sie befände sich plötzlich nicht mehr für jeden sichtbar in der Rolle des getroffenen Opfers, sondern wäre am Ende nur eine von zwei Beteiligten in einem Streit von Markfrauen. Als Opfer wird sie jedoch in einer naiven Sicht der Dinge als moralisch höher stehend eingeschätzt als die »Täterin«. Oft dient der Opferstatus auch dazu, eigene Vergehen als verständlich und geradezu von Grund auf berechtigt darzustellen. Manches Opfer meint, damit über eine Art Freibrief zu verfügen. Demgegenüber wird von einem Täter beständige Reue, die Haltung der Demut und ganz konkret Ausgleich verlangt. Das gilt im privaten Rahmen ebenso wie in größeren, beispielsweise politischen Zusammenhängen.

In Familien macht die selbstgerechte Opferrolle nicht nur geradezu unangreifbar, sie verleiht auch enorme Macht über andere Mitglieder und vor allem über den »Schuldigen«. So kann es kommen, dass ein Opfer den »Täter« so lange reizt, bis es erneut verletzt und als »Opfer« bestätigt wird. Dieses Muster wird auch eingesetzt, um den Täter an sich zu binden, denn keine Bindung ist emotional tiefer und enger als die zwischen Opfer und Täter.

Die Illusion der Schuldlosigkeit

Schuldlosigkeit im Leben ist eine Illusion. Die der anderen ebenso wie die eigene. Die Erkenntnis von der Verstrickung in unausweichliche Schuld, wie sie in der griechischen Tragödie dramatisiert wird, entspricht unserem Erleben auch heute. Der Held steckt in einem Dilemma: Wie auch immer er sich entscheidet, was auch immer er tut, er macht sich schuldig. Und auch das ist zu erkennen: Selbst gut gemeinte Taten können Schaden bewirken und Missetaten am Ende zu Gutem führen. Die Trennung von Gut und Böse, von Richtig und Falsch ist nur vermeintlich. Wer wollte die langfristigen Auswirkungen abschätzen können? Wir werden schuldig, ob wir es wollen oder nicht, und mancher wird es, obwohl er stets das Gute anstrebt.

Wofür wir einem Täter danken können

Es ist wunderbar, Freunde zu haben. Sie halten zu uns, reden uns gut zu, sehen uns vieles nach und noch mehr über vieles hinweg, weil sie eben unsere Freunde sind. Menschen, die uns angreifen, sehen uns nicht so leicht etwas nach. Sie weisen uns stets auf unsere Schwächen und Entwicklungsdefizite hin. Ob wir uns zu wenig abgrenzen können oder ob es uns an kommunikativen Techniken fehlt, ob wir uns nicht zu verteidigen oder nicht zu behaupten wissen, ob unsere Argumentation nicht schlüssig genug ist, ob wir überhaupt zu uns stehen – all das erfahren wir durch die große Treffsicherheit unserer Gegner. Sie zeigen uns immer unsere schwächsten Stellen, an denen wir herausgefordert sind, zu wachsen. Für diese Anstöße zur Entwicklung können wir ihnen danken, denn niemand ist in diesem Sinne ehrlicher zu uns.

Schuld, Strafe und Vergebung

Die Idee der Vergebung von Schuld, die uns in unserer Kultur so vertraut erscheint, tauchte in der Menschheitsgeschichte erst vor etwa 2000 Jahren auf. Bis dahin war sie unbekannt. Ganz früher gab es harte Bestrafungen, die in ihrer Grausamkeit weit über das Maß des Vergehens und des verursachten Schadens hinausgingen. Sie entsprachen eher einer Rache als der Idee von Gerechtigkeit. Das alttestamentarische Prinzip Auge um Auge und Zahn um Zahn war da schon ein entscheidender Fortschritt. Immerhin wurde das Maß der Strafe durch die Schwere der Tat selbst begrenzt. Dass auch mit diesem Prinzip die Welt im Kleinen ebenso wie im Großen nicht zu Ruhe, Aussöhnung und Frieden kommen kann, zeigt sich täglich: Die Revanche auf eine Verletzung wird zum Anlass und zur Rechtfertigung für erneute Vergeltung genommen, die ihrerseits durch eine Verletzung erwidert wird, und so fort. Diesen Wahnsinn, der nur erneute Gewalt, Leiden und Schuld hervorbringt, kann nur der Überlegene mit Güte und Menschlichkeit durchbrechen, denn der Verzicht des Schwächeren auf Vergeltung könnte allzu leicht als Unterwerfung und als Aufgabe seiner Ansprüche verstanden werden, oft sogar noch als Eingeständnis fehlender Ehre und damit des eigenen Unwertes.

Die Vorstellung vom Karma geht einen entscheidenden Schritt weiter, indem sie den Ausgleich von Missetaten und Schuld der

Wirkungsweise des Rades der Wiedergeburt überlässt. Was ein Mensch in diesem Leben an Leid verursacht, kommt demnach mit Sicherheit irgendwann wieder zu ihm zurück. Für den Einzelnen ist es deshalb nicht erforderlich, alles, was ihm angetan wurde, zu vergelten, er kann darauf vertrauen, dass der Täter sich durch seine Tat selbst den Ausgleich dafür auferlegt. Auch dem eigenen Leid kann so der Sinn zugeschrieben werden, eigenes schlechtes Karma abzubauen. Dass diese Sichtweise zu einem anderen Umgang mit Verletzungen und Schmerz führt, liegt auf der Hand. Das Leiden gehört mit zum Leben und kann leichter, zum Beispiel als selbst verursacht, erklärt und angenommen werden.

In unserem Zusammenhang hier sei auch auf das nicht gerade ungefährliche esoterische Konzept hingewiesen, das aus einer Vermischung von östlichen mit westlichen Ideen entstanden ist: Danach kommt alles, was ein Mensch ausstrahlt, in gesteigerter Form zu ihm zurück. Wer seelisch verletzt wird, kann entsprechend seiner Stressreaktion mit Aggression, mit Wut und Zorn reagieren, unüberlegt und oft maßlos. Selbst wenn er gelernt hat, seiner emotionellen Aufwallung keine Taten folgen zu lassen, strahlt er in diesem Moment etwas Entsprechendes aus. Wenn er oft genug genau in seine Kerbe getroffen wurde oder wenn er traumatisiert ist, dann gehören auch Wut und Hass zu seiner Reaktion. Nach dieser Theorie würde das bewirken, dass er mehr Angriffe anzieht, die wiederum dazu führen, dass er noch heftiger reagiert und entsprechende Signale aussendet, und so weiter. Die Konsequenz dieses Denkens kann die beschriebene Problematik verstärken. Das Opfer wird auf diese Weise auch noch Opfer einer moralischen Vorstellung, die ihm die Schuld an seinen Verletzungen zuschieben will.

Vergebung befreit

Vergebung geht weit über diese Vorstellungen hinaus, sie befreit und entlastet von jeglicher Schuld, die bereut wird. Das Leben kann dadurch jeden Tag als neu betrachtet werden, ein Mensch kann jeden Tag wie neugeboren beginnen. Er trägt nicht mehr seine alte Last der Verfehlungen, sondern gibt sie ab und wird getragen. Die Idee der Vergebung ist so neu, dass sie auf unsere Seelen immer noch irritierend wirkt und wir sie oft nicht glauben können. In den archaischen Bildern unserer Seelen scheint immer noch die Härte der Bestrafungen vorzuherrschen, wie sie zum Beispiel in alten Märchen dargestellt wird. Eine einfache innere Welt, in der es Gute gibt, die gute Taten hervorbringen und dafür belohnt werden, ebenso wie die Bösen, die Böses tun und auf die so drastische Strafen warten wie das Tanzen in glühenden Pantoffeln.

Diesen Bildern entsprechend gehen wir oft mit uns selbst und unseren Verfehlungen um und bestrafen uns häufig, ohne dass wir es rechtzeitig erkennen. Wir stellen uns selbst ein Bein, inszenieren Missgeschicke, um unser Konto auf diese Weise zu entlasten oder den Strafen durch andere zuvorzukommen. Das ist häufig auch bei Kindern zu beobachten, sodass es Aufgabe von Eltern sein muss, diesen Umgang mit Verfehlungen zu verändern. Jede zusätzliche Bestrafung erübrigt sich. Die Tatsache, versagt zu haben, ist bereits Strafe genug.

Mit unserer archaisch anmutenden Innenwelt müssen wir rechnen, wenn es um Schuld und Vergebung geht. Wer anderen vergibt, sagt das oft nur so leicht dahin, verlangt es sich ab, ohne dass er es tatsächlich fühlt. Manche Vergebung erscheint sogar wie eine Vor-Vergebung, so wie es Urteile und Vorurteile gibt. Sie werden viel zu früh und voreilig ausgesprochen, gewissermaßen formelhaft aus Konvention und oft mit dem Preis des Übergehens des eigenen Schmerzes. Sie bleiben deshalb oft oberflächlich, der innere Groll wirkt dessen ungeachtet fort. An der Schuld – oder deutlicher gesagt: an der Schuldzuweisung – wird dann heimlich auch weiterhin getragen.

Entsprechend ist es mit der Vergebung für uns selbst. Sie ist oft zu wenig sinnlich, sie geschieht dann nur im Kopf und wird nur gedacht, jedoch nicht gefühlt und empfunden.

Sich spürbar entlasten

Viele protestantisch geprägte Menschen machen die Vergebung für sich selbst ohne Teilnahme an einem Abendmahl ganz allein mit sich aus. Sie denken sie, doch sie landet ohne ein entsprechendes Ritual kaum in ihren Gefühlen und kommt auch nicht in ihrem Körper an. Deshalb spüren sie auch nichts. Katholiken haben es da schon ein wenig leichter mit der Beichte, dem Gespräch mit dem Geistlichen und vielleicht einer tätigen Buße, mit Ritualen, die weitaus sinnlicher erfahren werden können. So oder so, wenn Vergebung rein formelhaft praktiziert wird, kann sie nicht bis in alle Zellen unseres Körpers vordringen und als befreiend erlebt werden. Wir brauchen neben Beichte und Abendmahl auch eine sinnlich erfahrbare Form der Vergebung, die unabhängig vom Gemeindeleben praktiziert werden kann.

Anderen vergeben

- Bestimmen Sie einen Platz A vor sich auf dem Boden, am besten Sie markieren ihn mit einem Blatt Papier. Wenn Sie sich auf A stellen, erinnern Sie sich an die Verletzung und die »Täterperson«, der Sie noch nicht vergeben haben. Machen Sie sich die Wirkung auf Ihr Denken, auf Ihre Gefühle und auf Ihre körperliche Befindlichkeit bewusst. Stellen Sie das in Ruhe fest, ohne etwas zu korrigieren. Es geht nur um eine Bestandsaufnahme des Ist-Zustands.

C  Person, der
Sie noch etwas
nachtragen

B

Die Idee
der Vergebung

A

Sie als
Person

Neutraler
Ausgangsbereich

- Treten Sie dann zurück ins »Neutrale«. Lösen Sie sich von den
Erinnerungen an diese Person, betrachten Sie von außen den
Zustand, den Sie auf dem markierten Platz A hatten. Danach
machen Sie sich frei für eine neue Erfahrung.
- Markieren Sie dafür zwei, drei Schritte entfernt einen weiteren
Platz B. Er steht für die Idee der Vergebung. Wenn Sie sich jetzt
auf diesen Platz stellen, lassen Sie sich ganz auf diese Idee ein.
Wie wirkt sie auf Ihr Denken? Wie auf Ihre Gefühle? Und wie
auf Ihre körperliche Befindlichkeit? Achten Sie ganz besonders
auf Ihren Herzbereich. Nehmen Sie die Schwingung dieser Idee
in sich auf.
- Wenn Sie ganz davon erfüllt sind, dann stellen Sie sich in weiter
Entfernung einen Platz C mit der Person vor, der Sie vergeben
möchten. Dieser Platz C liegt außerhalb des Raumes, Sie werden ihn auch nie betreten. Blicken Sie in diese Richtung und

Vergebung und Entwicklung

schicken Sie ihr einen Strom von dieser Vergebung aus dem Bereich Ihres Herzens. Bleiben Sie dabei mit dieser Idee verbunden. Wenn Sie die Vergebung weitergeben, spüren Sie, wie Sie davon durchströmt sind. Keine Sorge, Sie bluten dabei nicht aus, denn die Idee der Vergebung kann nicht versiegen, weil es eben eine Idee ist.

- Nach einer ganzen Weile besinnen Sie sich wieder auf sich selbst und verlassen Platz B, ohne die Verbindung zu dieser Idee bewusst abzubrechen.

- Wie geht es Ihnen jetzt, wenn Sie sich auf die markierte Stelle A von vorhin stellen und an diese Person denken? Vergleichen Sie das Denken, die Gefühle und die körperliche Befindlichkeit, die Sie jetzt haben, mit den Eindrücken davor. Stellen Sie fest, was sich verändert hat. Ist es Ihnen jetzt möglich, dieser Person zu verzeihen und ihr alles Gute zu wünschen? Können Sie sich jetzt von ihr lösen?

- Wenn Ihnen das nicht so leicht gelingt, kann es sinnvoll sein, diesen Versuch von Zeit zu Zeit zu wiederholen.

Noch viel wichtiger: sich selbst vergeben

Sich selbst zu vergeben, gelingt denen leichter, die anderen vergeben haben. Beides ist von der Idee her miteinander so eng verknüpft (»wie wir vergeben unseren Schuldigern«), dass es Vergebung für die eigene Person allein nicht gibt, sonst wäre es nur eine Form von Selbstgerechtigkeit. Häufig ist zu beobachten, dass ein Mensch zwar anderen vergeben kann, jedoch Schwierigkeiten hat, sich selbst zu vergeben oder Vergebung anzunehmen. Die folgende Technik hilft Ihnen dabei.

Sich selbst vergeben

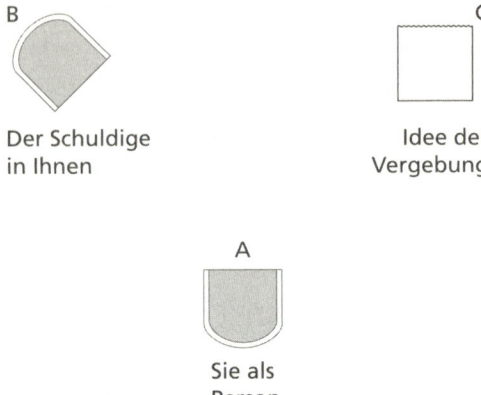

B

Der Schuldige
in Ihnen

C

Idee der
Vergebung

A

Sie als
Person

– Sie legen zunächst eine Position A fest. Bitte bestimmen Sie für jedes Experiment die jeweiligen Plätze stets von Neuem. Wenn Sie sich auf Platz A stellen, machen Sie sich noch einmal Ihre Einstellung zu sich selbst klar, nach der es Ihnen schwerfällt, Vergebung für sich anzunehmen und sich selbst zu vergeben. Dieser Platz soll für Ihre Einstellung zu sich selbst stehen. Wie denken Sie hier, wie sind Ihre Gefühle und wie Ihre körperliche Befindlichkeit? Stellen Sie es einfach nur fest.

– Danach treten Sie zunächst kurz ins Neutrale, bevor Sie einen weiteren Platz, nämlich B, für den »Träger der Schuld« bestimmen. Wenn Sie sich auf B stellen, nehmen Sie wahr, wie es ist, sich selbst nicht verziehen zu haben. Erinnern Sie sich an all Ihre Lasten, an Ihr Handeln und an Ihre Unterlassungen. Wie wirkt sich das auf Ihr Denken, Ihre Gefühle und Ihre körperliche Befindlichkeit aus? Registrieren Sie es nur, ohne schon etwas daran ändern zu wollen.

- Treten Sie anschließend wieder zurück in den neutralen Raum. Falls es Ihnen auf Platz B allzu schlecht geht, kommen Sie sofort zurück ins Neutrale. Nachdem Sie sich dort entspannt haben, treten Sie nur ein paar Zentimeter entfernt neben die Position B, sodass Sie es gut aushalten. Markieren Sie diese Stelle – als Vergleichswert, um sich die Veränderung bewusst zu machen.
- Eine dritte Position C ist die »Tankstelle« für die Idee der Vergebung. Wenn Sie sich darauf stellen, verbinden Sie sich zunächst absichtslos mit dieser Idee und nehmen Sie diese Schwingung in sich auf. Wenn Sie davon erfüllt sind, jedoch erst dann, richten Sie zunächst Ihren Blick auf A, die Position der Person, die Sie sind und die sich selbst bisher nicht vergeben konnte beziehungsweise die bisher Vergebung nicht annehmen konnte. Lassen Sie auf A die Schwingung der Vergebung fließen.
- Nach einer Weile gehen Sie zurück auf Platz A und nehmen von dort aus die Vergebung bewusst in sich auf. Lassen Sie sich Zeit. Wenn Sie zunächst nichts spüren, forcieren Sie nichts. Es kann sein, dass Ihnen die Hindernisse dabei deutlicher werden. Bei dem einen stören vielleicht die Gedanken (»Komisch!« oder »So einfach soll das gehen?«), ein anderer spürt, wie sich Trotz gegen die Veränderung in ihm regt. Wie auch immer Sie reagieren, richten Sie Ihren Blick dabei auf C, die Idee der Vergebung.
- Wenn Sie die Schwingung der Vergebung in sich aufgenommen haben, blicken Sie nun auf B, den »Schuldigen«. Nehmen Sie diesen inneren Anteil von sich selbst wahr, auch wenn Sie ihn dabei nicht unbedingt sehen müssen. Vielleicht spüren Sie seine Not oder seine Schwäche, seine Versuche, es einfach nur so zu machen wie die anderen, seinen Wunsch, nicht aufzufallen, seine kleine Feigheit oder was auch immer ihn hat schuldig werden lassen. Vielleicht entdecken Sie auch, wie er versucht hat, es sich seither selbst schwer zu machen? Was auch immer Sie dort erkennen, lassen Sie sich nicht mehr allein in Ihrer Bedrückung.

- Aufgeladen mit der Vergebung haben Sie B, den »Schuldigen«, erkannt und haben ihn dadurch wohl auch ganz anders wahrgenommen als zuvor. Prüfen Sie, ob Sie ihm endlich vergeben wollen. Wenn Sie das wollen, dann schicken Sie ihm in einem breiten Strahl die Vergebung, die Sie empfangen haben und mit der Sie sich jederzeit und immer wieder verbinden können. Nehmen Sie sich auch dafür Zeit.
- Wenn Sie meinen, es reicht fürs Erste, dann verlassen Sie Ihren Platz und stellen sich auf die Position B, den Platz dessen, dem Sie soeben vergeben haben. Wie denken Sie jetzt dort? Wie sind Ihre Gefühle jetzt? Und wie hat sich Ihre körperliche Befindlichkeit verändert? Sie ist immer ein Gradmesser für die Wirkung einer Methode.
- Danach kehren Sie zurück in die Position A und danach wieder ins Neutrale. Auch wenn es für heute wahrscheinlich genug war, kann es sinnvoll sein, die Methode zu wiederholen.

Wenn Vergebung noch nicht gelingt: Begnadigung
Immer wieder bin ich Menschen begegnet, bei denen auch ein solches Ritual keine spürbare Entlastung bewirkt hat, auch wenn sie vom Kopf her längst eingesehen hatten, dass sie sich mit dem Nachtragen selbst schadeten. Wenn es Ihnen auch so geht, gibt es vielleicht einen ganz individuellen Grund dafür. Doch auch dann können Sie sich entlasten. Es gibt nämlich auch noch die Möglichkeit der Begnadigung. Zu besonderen Anlässen, zum Beispiel einem Sieg, einem Jubiläum oder zur Demonstration seiner Macht, Güte und Großherzigkeit, kann ein Herrscher sie Sträflingen zuteilwerden lassen.

Stellen Sie sich also vor, Sie begnadigen in Ihrer Großherzigkeit den Menschen, dem Sie noch etwas nachtragen. Dazu brauchen Sie sich nur die betreffende Person bildlich vorzustellen. Teilen Sie ihr in Gedanken Ihren gütigen Ratschluss mit und entlassen

Sie sie mit Gnade, vielleicht sogar mit guten Wünschen für ihr Wohlergehen. Auch das entlastet und vermittelt Ihnen ein behagliches Gefühl, das Sie auch körperlich an einer Weitung des Herzbereichs spüren und genießen können. Die Methode können Sie für die Begnadigung Ihrer eigenen Person etwas abwandeln: In diesem Falle sind Sie einmal die Person, die begnadigt, einmal die Person, die begnadigt wird.

Dafür benötigen Sie den gleichen Aufbau wie bei den bereits beschriebenen Methoden. Die Position der Vergebung erhält dann allerdings die Bedeutung »Idee der Begnadigung«. Wenn Sie die Methode ein wenig dramatischer erleben möchten, dann sprechen Sie beim Begnadigen aus der Position A heraus Ihre Formulierungen laut aus, sodass Sie es selbst deutlich hören können. Sie können dem Schuldigen sogar die Hand zur Versöhnung reichen. Vor allem lassen Sie ihm aus Ihrem Herzbereich die Schwingung der Gnade zufließen.

Manchmal gelingt die Selbstbegnadigung erst dann, wenn der betreffende Mensch anderen verziehen oder sie doch zumindest begnadigt hat. Auch haben Betroffene sich vereinzelt Bußen selbst auferlegt, konkrete Handlungen, die sich zum Beispiel auf den Geldbeutel auswirkten und zugleich eine wohltätige Aktion enthielten, zum Beispiel eine bestimmte Summe an Bettler zu verteilen oder an das Tierheim zu überweisen.

Und wenn auch das nicht wirken sollte? Dann hilft es immer noch, sich auf den Wunsch nach Vergebung oder doch zumindest nach Begnadigung zu konzentrieren und ihn hörbar auszusprechen. Ein ehrlicher Wunsch richtet die Wahrnehmung aus und verändert das innere Klima.

Verletzung, Schmerz und Schuld – Anstöße zur Entwicklung

Entwicklung findet immer statt. In der Natur ist sie zum Beispiel in der Entwicklung vom Einzeller hin zum Menschen nachweisbar, im Heranwachsen des Einzelnen ebenso. Geschichte spiegelt die Entwicklung der Ideen des Zusammenlebens der Menschen wider. Und wenn Sie Ihr Leben betrachten: Wie haben Sie früher gedacht und wie heute? Was hat Ihnen damals gefallen und was mögen Sie jetzt? Vieles ist Ihnen erst mit der Zeit bewusst geworden. Sie wurden verletzt, ebenso haben Sie andere verletzt, und auch Ihre Einstellung dazu hat sich gewandelt. Sie haben sich entwickelt.

Entwicklung wird uns nicht immer geschenkt. Und nicht immer würden wir ein solches Geschenk auch so ohne Weiteres und freiwillig annehmen. Es ist bequemer, wenn alles so bleibt, wie es ist, denn wir haben uns darin einigermaßen eingerichtet. Oft muss unser gewohnter Trott erst gestört werden. Zum Beispiel durch äußere Veränderungen, die eine erneute Anpassung an ungewohnte Gegebenheiten erfordern. Hindernisse, Erschwerungen, Enttäuschungen, Irrtümer, die Kollision unserer Vorstellungen, wie wir uns die Welt wünschen, mit der Welt, wie sie ist – all das fordert uns heraus. Aber auch das stößt Entwicklung an: Seelische Verletzungen, Schmerz und ebenso unsere Schuld regen uns an, innerlich weiterzugehen. Wer wären Sie heute, ohne dass Sie das erlebt hätten? Welche Erkenntnisse hat Ihnen all das ermöglicht? Und welche Erkenntnisse können Sie noch aus dem, was Sie erlebt haben, gewinnen?

Zum Beispiel waren Sie als Kind vielleicht unbeschwerter, manchmal sogar übermütig, Sie haben noch nicht so viel Rücksicht genommen auf andere, weil sie selbst manchen Schmerz noch nicht gespürt hatten. Der eine hat Herzen gebrochen, ohne zu wissen, wie es ist, mit gebrochenem Herzen zurückgelassen zu werden. Ein anderer hat im Berufsleben seine Ellenbogen eingesetzt und ausgeteilt, bis er selbst einmal Opfer von Rivalität und Zurücksetzung wurde.

Leider ist es so, dass wir nicht so leicht übernehmen, was sich andere in ihrer Entwicklung bereits erarbeitet haben. Jeder Mensch scheint mehr oder weniger wieder am Anfang beginnen zu müssen. Und das heißt auch, Fehler zu machen, andere zu verletzen, schuldig zu werden und ebenso auch von anderen verletzt zu werden. Am Ende können wir denjenigen, die uns so tief getroffen und damit unsere Entwicklung angestoßen haben, vielleicht sogar danken. Und wenn wir es recht betrachten, haben Täter und Opfer einander gegenseitig geholfen, sich zu entwickeln.

Ich wünsche Ihnen, dass Sie sich durch die Lektüre und das Arbeiten mit diesem Buch entwickeln, auch ohne weitere Verletzungen und noch mehr Schmerz hinnehmen zu müssen. Damit es umso leichter wird und sich kein Schmerz mit all den Reaktionen darauf anstaut, ist zur Vorbeugung zu empfehlen, sich eine gewisse Seelenhygiene zur Gewohnheit zu machen, vergleichbar dem allabendlichen Zähneputzen.

Tägliches Seeleputzen nicht vergessen!

– Schließen Sie den Tag vor dem Schlafengehen so ab, dass Sie ihn noch einmal in Ruhe durchgehen. Dabei sollte es auch um die Frage gehen, was Sie verletzt oder Ihnen wehgetan hat, ebenso um die Frage, ob Sie auch andere verletzt haben.
– Wenn etwas auftaucht, erlösen Sie Ihren Schmerz mit den vorgestellten Methoden. Unterstützen Sie zum Beispiel Ihr Herz.
– Falls Sie zu müde sind, notieren Sie den Anlass auf einem Zettel. Stift und Block auf dem Nachttisch sind übrigens eine gute Voraussetzung für erholsamen Schlaf. Bannen Sie das in ein, zwei Stichworten aufs Papier, was Sie beim Einschlafen stören könnte, und kommen Sie am nächsten Tag darauf zurück. Was

Ihnen dann noch wichtig genug erscheint, können Sie ansprechen oder mit sich selbst klären. Nehmen Sie den Zettel also ernst, es geht darum, Bedrückendes nicht mit in den Schlaf zu nehmen, aber auch nicht unter den Teppich zu kehren.

– Mit dieser Rückschau haben Sie sich jedoch nur der einen Seite des Lebens an diesem Tag zugewandt. Es gibt noch eine andere, die Sie nicht übergehen sollten, es wäre schade darum: Welche Freuden haben Sie heute erlebt? Wie viel Gutes, wie viel Freundlichkeit haben Sie erfahren? Wenn Sie all das betrachten, dann entsteht in Ihnen vielleicht auch der Wunsch, dafür zu danken. Der Zustand der Dankbarkeit ist heilsam, er weitet und entspannt das Herz. Dass Sie damit besser schlafen, liegt auf der Hand!

Hinter der Angst und hinter dem Schmerz

Seelischer Schmerz und Angst sind Verwandte. Wenn sie sich verbünden, dann heißt es, auf der Hut zu sein. Sie können sich die Bälle zuwerfen und sich gegenseitig in ihrer Wirkung steigern. Mit der Angst ist es ähnlich wie mit dem Schmerz: Beide wirken gewissermaßen wie Sensoren und informieren uns über unsere Situation. Doch wenn die Angst uns ergreift, dann reagieren wir meist wie gebannt und lassen uns von ihr so beherrschen, dass sie uns schwächt und noch angreifbarer macht. Umso mehr haben wir dann Grund, Angst zu haben. Wir geraten noch tiefer in die Angst hinein, und wenn wir nicht aufpassen in einen Strudel der Verunsicherung. Der kann im Extremfall sogar ganz verhindern, dass wir uns einer Herausforderung stellen und von vornherein versagen oder dass wir das, was die Angst verhindern will, selbst bewirken. Die eigentliche Funktion von Angst besteht jedoch darin, uns wach zu machen, unsere Kräfte zu mobilisieren, damit wir gewappnet sind für das Überleben. Doch wenn wir uns von ihr hypnotisieren lassen, und nicht mehr wir unsere Angst haben, sondern die Angst uns hat, dann verliert sie ihren Sinn. Sie wendet sich gegen uns und behindert das, was sie eigentlich bezweckt. Wenn wir die Signale der Angst wahrnehmen, ist es deshalb hilfreich, sie richtig zu verstehen und sich daran zu erinnern, worum es ihr eigentlich geht. Die Angst sagt uns: »Ich halte zu dir wie ein Wächter und will, dass du lebst und die Herausforderungen, vor die du gestellt bist, bestehst!«

Nachdem Sie sich so gründlich mit seelischen Verletzungen und Schmerz beschäftigt haben, macht es Sinn, auch hinter die

Angst vor einer seelischen Verletzung zu schauen, damit Sie sich nicht, ohne es zu beabsichtigen, selbst in den Zustand des seelischen Schmerzes versetzen. Bevor Sie die folgende Methode tatsächlich bei dieser Angst anwenden, sollten Sie an einer kleinen, ganz alltäglichen Angst üben, um konkret und sinnlich zu erleben, dass hinter einer Angst grundsätzlich etwas anderes steckt. Es mag paradox sein, sich freiwillig in einen Zustand der Angst zu versetzen – aber allein das verändert diese Angst schon. Wir kehren gewissermaßen die Laufrichtung um und laufen nicht mehr vor ihr weg, sondern auf sie zu. Für diese Erfahrung ist es erforderlich, ein gewisses Maß an innerem Mut aufzubringen. Wie immer bei diesen Experimenten: Erinnern Sie sich daran, klein anzufangen und tatsächlich mit einer ganz, ganz kleinen Angst zu beginnen. Diese sollte auch nicht mit einer großen Angst im Zusammenhang stehen. Vielleicht ist es die Angst, zu spät zum Zug zu kommen oder dass der Zug sich verspätet, die kleine Angst, keinen Sitzplatz zu bekommen. Oder die Angst, aufzufallen, wenn Sie sich bei einer Party als Erster verabschieden, weil es Zeit für Sie ist.

A ist im Folgenden der Platz der Angst, dort spüren Sie sie noch einmal. B ist der Ort, an dem Sie mit der Qualität verbunden sind, die hinter der Angst steht. Diesen erstrebenswerten Zustand möchte die Angst eigentlich erreichen. Lassen Sie sich überraschen, worum es der Angst geht und was Sie hinter ihr entdecken.

Hinter der Angst

- Lassen Sie alle Gedanken, Hoffnungen und Erwartungen beiseite und öffnen Sie sich für das Experiment. Zunächst stellen Sie sich auf Position A, die kleine Angst. Wenn Sie sie kurz gespürt haben, treten Sie rückwärts auf B und lassen sich überraschen.
- Falls Sie nicht gleich auf die Qualität hinter der Angst stoßen, um die es ihr eigentlich geht, dann verlegen Sie B weiter nach

hinten und probieren es noch einmal. Vielleicht sind Sie auch schon viel zu lange mit dieser Angst verstrickt? Dann probieren Sie es mit einer anderen kleinen Angst.

B   Was hinter der Angst ist

A   Die Angst

Neutraler
Ausgangsbereich

Falls Sie die kleine Angst vor dem zu frühen Aufbruch gewählt haben, könnten Sie zum Beispiel auf die Qualität von Wärme und Zugehörigkeit treffen oder auf eine Verbindung von Geborgenheit und Freiheit. Wahrscheinlich spricht das, was Sie hinter der Angst wahrnehmen, nicht abstrakt in Worten und Begriffen, obwohl auch das nicht ganz auszuschließen ist, sondern teilt sich Ihnen in Befindlichkeiten oder Gefühlen mit. Es kann sich auch in Form von Bildern, Assoziationen und Erinnerungen ausdrücken.

Björn ist Oberstufenschüler und hat Angst davor, Referate zu halten. Er stellt sich ganz kurz auf die Position der Angst, auf A. So fühlt sie sich an, das kennt er gar zu gut. Es ist keine Überraschung für ihn. Gern tritt er rückwärts in die Position B, die dem entspricht, worum es der Angst geht. Dort steht er ruhig und sicher. Er beginnt zu lächeln. Dann nickt er. »*Ja*«*, sagt er,* »*ich will es gut machen und wünsche mir, dass meine Anstrengungen auch gesehen werden, denn ich gebe mir wirklich sehr viel Mühe.*« *Er fühlt sich gut und im Einklang mit sich auf dieser Position. Er mag fast nicht zurück auf A, die Position seiner Angst, doch er lässt sich darauf ein. Als er wieder auf A steht, bemerkt er, dass sich seine Angst deutlich verändert hat.* »*Sie ist leichter geworden, nicht mehr so ungreifbar, sie ist weniger lähmend, sie macht mich eher aktiv.*« *Mit ihr kann er umgehen.* »*Auch wenn ich mir so viel Mühe gegeben habe, könnte es auch einmal daneben gehen. Das ist möglich*«*, fügt er hinzu.*

Angst ist nicht um ihrer selbst willen da, ebenso wenig wie der Schmerz. Sie hat wie alles andere auch eine ursprüngliche Funktion im Sinne des Lebens. Wenn Sie bei jeder Angst mit diesem erstrebenswerten Zustand in Kontakt treten, um den es eigentlich geht, dann durchschreiten Sie diese Angst und verbinden sich mit der Qualität ihres Anliegens. Wenn Sie danach wieder auf Ihre Angst zurückkommen, hat sie sich ein wenig gewandelt. Von Punkt B aus nehmen Sie die Wachsamkeit und die Konzentration der Kräfte, die Ihnen die Angst zum Beispiel schenkt, mit zurück in die Position A und anschließend ins »Neutrale«. Sie brauchen auch diese Qualitäten, um Ihr Anliegen im Leben zu erreichen. Mit dem Wissen um diese Erfahrung hat sich dann Ihr Erleben von Angst verändert – wie bei dem Schüler Björn.

Hinter der Angst und hinter dem Schmerz

Hinter dem seelischen Schmerz

Ähnlich wie mit der Angst ist es mit dem Schmerz: Schmerzen sind Reize unseres Nervensystems, Informationen. Sie machen uns darauf aufmerksam, dass uns etwas nicht guttut oder dass wir verletzt sind. Wir verbinden den blutenden Fuß und stellen ihn ruhig, damit er heilen kann. Ohne Schmerz würden wir vielleicht einfach weiter durch die Savanne laufen und den tagesfrischen Sonderangeboten der Natur hinterherjagen, auch wenn wir bald an Blutvergiftung leiden und sterben würden.

Dies gilt für körperlichen Schmerz, im weiteren Sinne stimmt es ebenso für seelischen Schmerz. Wir suchen nach einer Verletzung Schutz in der Gemeinschaft mit anderen oder den Rückzug, damit wir die Kollision verarbeiten und auflösen können und wieder in ein seelisches Gleichgewicht kommen. In Zukunft werden wir in ähnlichen Situationen vorsichtiger sein. Wenn wir jedoch im Schmerz verharren, verliert er seine ursprüngliche Funktion. Dann leiden wir auf Dauer, sinnlos und ganz vergeblich.

So wie hinter jeder Angst eine Qualität steht, um die es eigentlich geht, so wartet auch hinter dem Schmerz ein ganz anderer Zustand auf uns, zu dem wir oft den Kontakt verloren haben, weil uns unser Leiden am Schmerz und unsere Abwehr dagegen den Zugang dazu versperrt haben. So wie Sie sich durch Ihren mutigen Schritt über die Angst hinaus davon überzeugen konnten, dass die Angst nicht das letzte Wort hat, so können Sie sich auch davon beschenken lassen, was hinter Ihrem seelischen Schmerz auf Sie wartet. Sie brauchen Offenheit und Courage für diesen Schritt. Doch die werden belohnt, denn so wie die Angst mit dem angestrebten Zustand sinnvoll verbunden ist, so ist es auch der seelische Schmerz mit dem erstrebenswerten Zustand dahinter.

Hinter der Angst vor dem Versagen steht zum Beispiel der Wunsch nach dem Gelingen. Hinter dem Schmerz, ausgeschlossen zu werden, der erwünschte Zustand der Zugehörigkeit, hinter dem Schmerz, verachtet zu werden, das Geachtetsein. Auch wenn der Zusammenhang ganz logisch ist, lässt sich diese Entdeckung vom Denken allein nicht schlussfolgern und abkürzen. Unterschiedliche Verbindungen zwischen den Qualitäten tauchen auf, weitere Dimensionen, die uns zuvor vielleicht unbekannt waren und die sich vor allem auch nicht ganz in Begriffe fassen lassen. Vielleicht wussten wir von ihnen, doch sie zu fühlen und zu spüren, das spricht andere Ebenen unserer Intelligenz an und ist zugleich Heilung.

Ähnlich wie in dem Experiment mit der Angst gehen Sie mit Ihrer Erfahrung von dem, was hinter dem seelischen Schmerz steht, anschließend zurück in diesen Schmerz. Er hat sich dadurch wahrscheinlich auch bei Ihnen verändert. Der Schmerz hat etwas von seiner Macht verloren.

Wählen Sie für das Experimentieren mit dieser Methode die Erinnerung an einen kleinen seelischen Schmerz.

Hinter dem seelischen Schmerz

B Was hinter dem Schmerz ist

A Der Schmerz

Neutraler
Ausgangsbereich

- A steht für den Schmerz. Nachdem Sie ihn noch einmal kurz erlebt haben, vielleicht auch nur in einer Annäherung, treten Sie rückwärts nach hinten auf B, auf die Qualität, die hinter dem Schmerz liegt. Öffnen Sie sich für das, was Sie in dieser Position wahrnehmen. Wie wirkt es sich aus auf Ihr Denken, vor allem auf Ihre Gefühle und auf Ihre körperliche Befindlichkeit? Nehmen Sie diese Eindrücke in sich auf.
- Nach einer Weile treten Sie zurück auf A, die Position Ihres Schmerzes. Hat sich das Erleben dort verändert? Und wie ist es, ab und zu hinter diesen Schmerz zu treten, um sich mit der Qualität zu verbinden, um die es eigentlich geht?

Vielleicht fragen Sie sich an dieser Stelle, weshalb Sie so viel lesen und vielleicht auch neu durchleiden mussten, um an diesen Punkt zu kommen. Hier ist die Antwort: Ihr Schmerz wollte wahrgenommen, gewürdigt und verstanden werden. Erst danach kann er sich tatsächlich wandeln und auflösen. Und noch etwas: Sie hätten das Wichtigste übersehen. Endlich haben Sie es aus dem Versteck wieder ans Licht geholt und von all den Verpackungen und Verknotungen befreit. Es sind die Geschenke Ihres Schmerzes, dass Sie wach und bewusst werden. Er gibt den Anstoß, sich zu entwickeln! Wer diesen Schritt nach vielen anderen Schritten, die wiederum zu diesem geführt haben, tatsächlich macht, empfindet häufig Dankbarkeit und Freude.

Die Erwartung der Verletzung und die Vorwegnahme des Schmerzes

Kommen wir noch einmal zu dem Beispiel von Elfriede, das Sie bereits im Zusammenhang mit den Programmen im Kapitel »Aus Verletzungen Erfahrungen machen« kennengelernt haben. Sie war als Kind von Gleichaltrigen ausgegrenzt worden. Aus ihrer

Angst vor Wiederholung dieser Verletzung verhielt sie sich merkwürdig gehemmt, wenn sie in eine Gruppe kam. Gern hätte sie dazugehört, doch am Ende erhielt sie immer nur die schmerzhafte Bestätigung ihres Programms, von anderen nicht erwünscht zu sein. Kam sie in eine Gruppensituation, verhielt sie sich bereits im Vorfeld so, als wäre sie bereits ausgegrenzt. Und das kam bei anderen nicht gut an.

Wenn Sie die Vermutung haben, sich durch ein ähnliches Programm immer wieder einzuschränken und den schmerzhaften Zustand selbst herbeizuführen, können Sie wie Elfriede nach einiger Übung mit den vorangegangenen Techniken folgende Methode anwenden. Dabei werden Angst und Schmerz nicht getrennt, sondern als Einheit betrachtet, weil sie tatsächlich auch so erlebt werden.

Die Angst vor Wiederholung auflösen

B Worum es
eigentlich
geht

A Angst vor
Verletzung
und Schmerz

Neutraler
Ausgangsbereich

Hinter der Angst und hinter dem Schmerz

- Sie stehen im Neutralen. A ist die Position Ihres Zustandes in der konkreten Situation, geprägt von Ihrer Angst vor neuerlicher Verletzung und Bestätigung des alten Musters. Sie treten auf diesen Platz und fragen sich, wie es Ihnen dort geht.
- Auf Platz B dann, auf den Sie wieder rückwärts treten, erleben Sie den Zustand dahinter, das, worum es eigentlich geht.
- Gehen Sie erneut auf Platz A und spüren Sie, inwieweit sich Ihr Erleben dort verändert hat.

Für Elfriede ist Position A die Wirkung ihres Programms, in Gruppen abgelehnt zu werden. Es handelt sich bei ihr um eine Vermischung ihrer Erwartung, verletzt zu werden, die sich bestätigen will, mit der inneren Spannung aus der Angst davor und der Sehnsucht und der Anstrengung, bei den anderen gut anzukommen.

B als Position des Zustandes dahinter ist übrigens nicht zu verwechseln mit der übersteigerten Vorstellung der Sehnsucht. Sie sollte frei von Erwartungen erkundet werden. Elfriede lässt sich vorbehaltlos auf das ein, was sie dort erleben wird. Als sie sich rückwärts auf B gestellt hat, steht sie locker und entspannt da, ganz erleichtert. So ähnlich fühlt sie sich übrigens, wenn sie zweimal in der Woche Hunde aus dem Tierheim ausführt. Sie ist nicht allein. Der Anspruch, irgendwie besonders sein zu müssen und anderen zu gefallen, fehlt ihr auf dem Spaziergang mit den Hunden ebenso wie die Angst davor, ausgegrenzt und seelisch verletzt zu werden.

Sie geht zurück auf Position A, nimmt wahr, dass die Anspannung dort jetzt geringer ist, und tritt dann ins Neutrale.»Und was mache ich, wenn ich bei der nächsten Gelegenheit wieder in den Zustand gerate und es merke?«, fragt sie. In diesem Fall ist ein einfacher Trick zu empfehlen: sich dort wo man gerade ist, auch auf einem Stuhl sitzend, leicht zurückzulehnen oder wirklich einen kleinen Schritt zurück zu machen. Nach einiger Übung wirkt das genauso entkrampfend und heilsam.

Beständiger Anstoß

Auch wenn Sie mit den Angeboten dieses Buches Ihren seelischen Schmerz weitgehend verwandeln und auflösen konnten und sich vielleicht sogar für seine Heilung geöffnet haben, wird ein Rest Schmerz bleiben. Wenn Sie in der Lage waren, die Erkenntnisse aufzunehmen und zu verarbeiten, gehen Sie nach diesem Prozess der Veränderung und Heilung wahrscheinlich anders mit Ihrem Schmerz und mit sich um.

Dennoch wird es immer wieder Leid geben, und wenn es nicht unser eigener seelischer Schmerz ist, so ist es der Schmerz der anderen, der seelische Schmerz von Mitmenschen und Mitgeschöpfen, der uns erreicht. Er erinnert uns daran, dass die Erde so, wie sie ist, nicht unsere Heimat ist. Der seelische Schmerz verhindert, dass wir in der Beschränktheit von dem, was andere als Realität definieren, aufgehen. Seelische Verletzungen finden überall und zu jeder Zeit statt. Sie sind schmerzhaft und zugleich ständige Triebfeder, mehr Menschlichkeit zu verwirklichen und uns der Macht der Verhältnisse nicht zu unterwerfen. Es ist der Schmerz, der unsere Sehnsucht wach und uns lebendig hält, damit Entwicklung geschieht.

Dank

Dieses Buch hat mich verändert wie keines meiner Bücher bisher. Aus der Arbeit an dem Manuskript bin ich als ein anderer herausgekommen, als ich hineingegangen bin. Ich bin freier geworden, gehe mit seelischen Verletzungen bewusster um und erlebe Freude intensiver und dankbarer. Eine solche Entwicklung wünsche ich auch Ihnen als Leser, auch wenn die Lektüre und das Experimentieren mit den Methoden Sie zunächst durch die eine oder andere Krise führen können.

Danken möchte ich all jenen, die mir von ihrem Erleben von seelischen Verletzungen und Schmerz berichtet haben, und auch denen, die mir Anlass für eigene Erfahrungen und die Entwicklung meiner Methoden gegeben haben. Ich danke Usha Swamy, der Programmleiterin für Psychologie und modernes Leben im Kösel-Verlag, für den Anstoß, dieses Buch zu verfassen. Ebenso danke ich für die gute Zusammenarbeit meiner direkten Ansprechpartnerin und Lektorin im Verlag, Sibylle Meyer, sowie Dr. Diane Zilliges, die ganz speziell diesen Text als freie Lektorin betreut hat. Dank auch all denen, die darüber hinaus in welcher Form und in welchem Maße auch immer dazu beigetragen haben, dass Sie dieses Buch jetzt in Ihren Händen halten.

Literaturempfehlungen

Paul und Gail Dennison: EK für Kinder. Das Handbuch der Edu-Kinestetik für Eltern, Lehrer und Kinder jeden Alters, Freiburg 2014

Kai Fritzsche: Einführung in die Ego-State-Therapie, Heidelberg 2014

Kai Fritzsche: Praxis der Ego-State-Therapie, Heidelberg 2014

Marie-France Hirigoyen: Die Masken der Niedertracht, München 2002

Marie-France Hirigoyen: Wenn der Job zur Hölle wird. Seelische Gewalt am Arbeitsplatz, München 2002

Heinrich von Kleist: Sämtliche Erzählungen und andere Prosa, Stuttgart 1986

Peter A. Levine und Karin Petersen: Sprache ohne Worte. Wie unser Körper Trauma verarbeitet und in die innere Balance zurückführt. München 2011

Peter A. Levine und Judith Jahn: Vom Trauma befreien. Wie Sie seelische und körperliche Blockaden lösen. München 2011

Franz Ruppert: Trauma, Angst und Liebe. Unterwegs zu gesunder Eigenständigkeit, München 2012

Rolf Sellin: Wenn die Haut zu dünn ist. Hochsensibilität – vom Manko zum Plus, München 2011

Rolf Sellin: Bis hierher und nicht weiter. Wie Sie sich zentrieren, Grenzen setzen und gut für sich sorgen, München 2014

Rolf Sellin: Mein Kind ist hochsensibel – was tun? Wie Sie es verstehen, stärken und fördern, München 2015

Paul Watzlawick: Wie wirklich ist die Wirklichkeit? München 1976

Paul Watzlawick: Vom Schlechten des Guten, München 1986

Paul Watzlawick und Giorgio Nardone: Kurzzeittherapie und Wirklichkeit. Eine Einführung, München 2001

Stephen Wolinsky: Die alltägliche Trance. Heilungsansätze in der Quantenpsychologie, Freiburg i. Br. 1993

Stephen Wolinsky: Quantenbewußtsein. Das experimentelle Handbuch der Quantenpsychologie, Freiburg i. Br. 1994

Stephen Wolinsky: Das Tao der Meditation. Praktische Methoden der Selbsterkenntnis, Freiburg i. Br. 1997

Stephen Wolinsky: Die Essenz der Quantenpsychologie. Durchschauen, wer wir nicht sind, Kirchzarten 2001